人生はゲームなのだろうか？

〈答えのなさそうな問題〉に答える哲学

平尾昌宏 Hirao Masahiro

★――ちくまプリマー新書

395

イラスト　コルシカ

まえがき

高校生の頃、変わった先生がいました。最初の授業のとき教室に入ってくると、ものも言わずに黒板に延々と何か書いているわけです。で、書き終わったのを見てみると、出身とか生年月日とか学歴とか趣味とかがずらっと書いてあって、「お前らもどこの何もんかも分からんヤツに教わるのもイヤやろう」って言うのです。授業はそれで終わりました。

今考えても、この先生のやり方は「何か違う！」っていう気がするんですけど（てか、今だったらクビになるんじゃ……）、我々が、話の内容よりも誰が言っているかに注目しがちなのは確かです。だから、この本をどういう人間が書いているのか、ちょっとお知らせしておこうかと。後で「思ってたのと違う！」ってことになっても困るしね。

まず、タイトルに「ゲーム」って入ってるものの、私は別にゲームの専門家ではないです。ふつうにゲームもやるけど、詳しくはない。で、ここで逃げられちゃうと困るんですけどウソついてもしょうがないんで言いますけど、普段は大学などで、主に哲学や倫理学を教えてます。で、そういう私がなんでこういう本を書こうと思ったか、それを簡単にお話ししておこうかな、と。

　だいぶ昔の話です。講義に出ていた社会人学生さんがいました。中年の女性で、会社の社長さん。よく質問しに来てくれたりもしてました。「プラトンが」とか「カントは」とか、そんな質問をされてこっちもまともに答えてたんですが、今から思えば、この人はそういうことが知りたかったんじゃなかったのです。授業も最終回に近くなった頃、例によって授業の後で少し話した帰り際に後ろを向きながらその人が、ため息をつくように「もっと楽になるかと思ったのに……」と言ったのです。

　その後にお会いしたことはないけど、いまだに忘れられない学生さんの一人です。私がプラトンやデカルトや、そうした哲学者たちを授業で取りあげるのをやめたのも、この一言がきっかけになっています。私は大講義を担当することが多くて、たくさんいる受講生の中にもいろんな人がいるんで、一人ひとりの思いを全部汲み取るなんてことはそもそもできないかもしれません。でも、カントやデカルトの話をしているだけでは（もちろん、それを喜ぶ人も多いし、今でもそういう要望もあるのですが）、少なくともこの人のような望みに答えられはしない。

この人の場合（あくまで想像だけど）、社長として責任も重く苦労の多い毎日を過ごしている。だから、哲学の知識を得たいというより、もっと楽に生きられる方法が知りたかったらしい。これを否定するのは簡単です。立派な哲学を作ったのに苦労の多かった哲学者もいますし、まぁ、どう見ても変な哲学者なんてのもいます。いちがいには言えないけど、少なくとも、哲学を学べばそれだけで立派な人になれるとか、楽に生きられるなんてことはない。哲学は即効性の薬ではないのです。っていうか、人が楽に生きるために哲学があるのではない。それじゃあどうしたらいいのか。哲学は何もしてくれないのか。

でもね、別に言い訳するわけじゃないけど、そして残酷な話だけど、「楽に生きられる知識」なんていうものがそもそもないのです。

みなさんもうすうす気づいてるんじゃないかと思うのですが、それでも、何かそういうものがあるんじゃないかと期待もしている。そして、そこにつけ込むような人や本もたくさんあります。人生論とか自己啓発本とかハウツー本とか。それらを全否定はしません。救われる人だっているだろうとは思います。でも（本文で詳しく見ますけど）、それらが役に立つのは、目的がはっきりしている場合です。ところが、幸か不幸か我々の人生は、そもそも何の目的があるのかもはっきりしない。だから、手当たり次第にそれらの本を読んでも、あまり役に立たない。だって、自分はポケモンをやっているのに、ドラクエの攻略本見てもそりゃあダメでしょう？　悲しいことに、我々はひょっとするとゲームをやっているのに、どんなゲームをやってるのかも分かっていないのです。

「楽に生きられる知識」なんていうものはない。そういう身も蓋もない前提で言えば、やはり哲学以外に道はありません。でも、それは「こうやればうまく行く」とか「こうすれば楽になる」というようなものではないのです。そうでなくて、そもそも、「自分が今やっているのは（それがゲームであるなら）どんなゲームなのか」を知ること。そのために哲学は役立つ。

最近はだいぶ変わってきてますが、哲学っていうと「昔のエラい思想家の考えを学ぶ」っていうイメージが強いらしい。それは必ずしも間違いじゃないし、私自身はそういうのも好きです。だってほんとにいろんな考えの哲学者がいて面白いし、おまけに、いろんな問題を考えるのにも哲学者たちの意見はめちゃめちゃ参考になるからです。

だけど、この本の趣旨はそれとは違います。テーマを決めて、自分たちで答えを出していってみよう、というわけです。つまり、自分たちで哲学することを目指そうと。

で、テーマは、「人生はゲームだと言えるか」。だから、ポイントは「人生」と「ゲーム」と二つあるわけですけど、どっちかと言えば人生に重心がある。ゲームの方は、人生について考えるときのモデルのようなもの。そして、最終的に欲しい答えは、人生をどう考えたらいいか。楽になるかどうかまではまだ分からないけど、少なくとも、さっきの社長さんのように、生きづらい、生きにくいと思っちゃうんだったら、それはなぜかを考えたいのです。

哲学が何か楽になる方法を与えてくれるなんてことはない。っていうか、そもそも哲学は我々に何かをしてくれるものではないからです。だって、哲学というのは自分でするものだから。何かを得るには、自分で摑(つか)む、自分で考えるしかないからです。

この本はそのためのお手伝いができればと思って書きました。まぁ、ついついあれこれ余計なことも言っちゃってるわけですけど（うふふっ）。

ちょっとお付き合いを願えればと思います。

目次 * Contents

パートⅣ　ゲームを作る、ゲームを超える

この本の使い方

この本は少しでも生きづらさを解消するために「自分で考える」というのが趣旨でした。でも「自分で考えるなんて面倒……」と思う人もいるでしょうね。うん、そうかもしれない。けどね、実はそうでもないんですよ。面倒に思えるのはたぶん、やり方が分かってないからです。

私なんか子どもの頃から「そんなことは自分で考えなさい」なんて言われて「でも、どうやったら自分で考えたことになるの？　まずそれが分かんないじゃん」とか思ってました。だから、「面倒だなあ」っていうより、「分からないことをやれって言われてもなあ」って感じ。そこで「でも、どうやって考えたらいいか分かんないじゃん」と思ってやり方を聞こうとすると、「だから自分で考えなさいって言ってるでしょう！」とか言われたりするわけです。トホホです。

だから、これは私の意見ですけど、「自分で考える」ったって、もう少し手助けというか、そういうことをしてもいいんじゃないかと思うのです。もちろん、答えを出すのは自分でやるんです。っていうか、それぞれの人生を生きるのは自分でしかなくて、「ボクはもう飽きたから、次は君がコントローラーもってゲームを進めてね」っていうわけにはいかない。だけど、だから、(別に無理にゲームにたとえなくてもいいんだけど)コントローラーもってるのはみなさんなんですけど、それを脇から見てて、「あ、そこは落とし穴あるから気を付けてね」っていうくらいは口出ししてもいいんじゃないかと、そういうつもりでこの本を書いたのです。

だってね、世間を見ていると、一方では「自分で何とかしろ」と言う人がいて、でも、その「何とか」ができなくて苦労している人たちがいて、そういうところへ「へへっ、私がお手伝いしましょうか?」って言って寄ってくるのが詐欺師、みたいなことがよくあるわけです。「こうすればあなたも幸せになれる」とか、「成功するにはこうしろ!」みたいな。苦労している人、生きづらさを抱えている人はそういうのに飛びついちゃうかもしれないけど、それは溺れる人が摑(つか)むわらより空しい。

だから私も、できるだけ余計なことは言いたくはないけど、少なくともそういう詐欺みたいなのにひっかからないように、場合によっては口出ししますよ(これ自体がもう余計なお世話かもしれんけど)、というのがこの本のスタンスなのです。

「自分のことは自分で考えろ」と突き放すのでもなく、「次はこう、はい、その次はこうしなさい」的に全てを指示するのでもなく、その中間というか。そういう微妙な線を狙っているので、書く方もなかなか難しい。ときにはつい余計なことを書いちゃうかもしれない。だから、そういうところは見なかったふりをして、というか、自分で適当に取捨選択してやって下さい。同時に、足りないところもあるかもしれない。最初はかなり丁寧に説明しましたけど、後半になるとわざと省いたところもあります。そういうところは自分で補ったり、あるいは思い切って自由に展開して貰える(もら)とすごく嬉しい(うれ)です。

では改めて、始めましょう。

「快晴!」ってほどじゃないかもしれないけど、空は広くてなかなか明るいですよ。

パートI

人生はゲームか？

パートIのまえおき

さて、人生はゲームだと言えるか？

でも、なんでそんなことを考えるようになったか不思議に思う人もいるかも。

そこでまずは、こんなことを考えたきっかけからお話ししましょう。そして、この問題について考えることにはどんな意味があるかを見ておきます（第一章）。

でも、単に適当な意見だけを言っていても仕方ないんで、次にはちゃんと問題を解決するやり方（第二章）を見ます。そして、実際にそのやり方で考えていって（第三章）、最後には解答を出すところまで（第四章）。

ただ困ったことに、実は私、この問題については別の本で取り上げたことがあります。だから、それを読んでくださった方にはちょっとだけごめんなさいだけど、そこではだいぶ簡単に書いたのに対して、ここではしっかり説明してありますんで。

第一章　「人生はゲームか？」問題編

考えたきっかけ

私が「人生はゲームか」問題を考えるようになったきっかけは、映画の『ガンツ』を観たことでした。元はマンガで、それを映画化したヤツです。知らない人もいるかもだけど、それでもいいです。別にこの後の話に関係あるわけではないし、単なるきっかけだったので（いや、別に観てもらってもいいけど）。

主人公たちはごく普通の高校生。あるきっかけで、ひそかに地球にやってきている何とか星人と戦うことになるのですが、活躍するのに応じて点数が貰えたり、一〇〇点たまると特典が与えられたりします。与えられる武器やコスチュームもすごくチャチなもので、マンガ的なのです。そう、ゲームみたい。

これだけじゃなくて、一時期「デスゲームもの」のマンガ、アニメがものすごく流行りました（今でも山ほどあります）。それに、振り返ってみると、こういうのって実は以前からわりあいあったことも分かります。小説から映画にもなった『バトル・ロワイヤル』、『王様ゲーム』とか『リアル鬼ごっこ』、マンガから始まったものなら『カイジ』とか『嘘喰い』、『ライアーゲーム』、『今際の国のアリス』その他もういろいろ。

で、こういうデスゲームものは、かなりムリムリな設定のも多くて非現実的ですが、例えばコンピュータゲームなんかでは、現実をゲーム化したみたいなのもあるわけです。恋愛ゲームとか、スポーツゲームとか、あまり実際には参加したくないけど裁判ゲームとか、現実には全然参加したくないけど戦争ゲームとか。

だとすると、いろんなものがゲームになるらしい。だったらもういっそのこと、「人生はゲームである」と言っちゃったらどうか。

人生は神ゲーである!

知り合いの学生さんにこの話をすると、ネット上に「人生は神ゲー」というコピペがあると教えてくれました。誰が作ったか分からないので、ここで引用するのは避けますけど、これがなかなか面白くてよく出来ているのです(興味のある人は検索してみてください)。ただ、ちょっと気になるところがあります。「人生は神ゲー」コピペは、つまりは「人生はすごくよく出来た素晴らしいゲーム、超楽しい」と言っています。だけど、例えば、「まえがき」

で登場してもらった、どうも人生に疲れているらしい社長さんにこのコピペを見せたとしても、賛成はしてくれそうにありません。彼女にとっては、人生は苦しいものらしい。だから、そこからちょっとでも楽になりたいと思ったらしいのです。

だったら、「いや、確かにあなたは「苦しい、生きづらい」と思っているかもしれないけど、「人生はゲームだ」と思ったら、少し楽になるんじゃない？」とアドバイスしたらどうでしょうか。いや、どうもそれもダメそうです。

確かに、「人生はゲームだ」と考えてみると、それでちょっと気が楽になるところもあるかもしれない。そんな気もします。「人生はゲームなんだから」とか「どうせ人生はゲームみたいなものなんだし」とか、「だから、もっと楽に生きようよ！」とか。だけど、私の脳内の社長さんと会話してみると、彼女は「先生はそんなふうに言うかもしれないけど、私はそんな無責任なものだとは思えない」と言いそうな気がします。あるいは、「もしゲームなんだとすると、なんでこんなつらいゲームをやらなきゃいけないの！」とか言われるかもしれません。

人生は糞ゲーである！

後で分かったのですが、実際ネット上には、そんなふうに主張した「人生は糞ゲー」というコピペまであったのです（これも学生さんに教えて貰いました）。

「人生は神ゲー」も「人生は糞ゲー」も、かなりネタっぽく見えるけど、同時に、なんて言うか、かなりマジなところをむりやりネタっぽくしているようにも感じられます（まあ、これは私の主観かもしれないけど）。でも、この二つの意見が、それぞれ違っているのに、それぞれに支持を集めているっていうか、「そうだなあ」と思わせるところをもっているのは事実です。

例えば、人生には確かに楽しいところもある。難しいところもあるけど、困難を乗り越える素晴らしい経験もできる。だから、「人生は神ゲー」だとすれば、こんな面白いゲームはないんだから、「ずっとやっていたい、やめたくない」ということになります（実際、「人生は神ゲー」コピペの終わりにはそういう考えが出てきます）。

でも、「人生は糞ゲー」なんだとすると、これはツラい。例の社長さんがさっき言っていたように（まあ、私の脳内でのことだけど）、「もしゲームなんだとすると、なんでこんなつらいゲームをやらなきゃいけないのか」ってことになりそうです。そうなると最後には、「こんなゲーム、とっととやめてしまいたい！」という、なんだか危ない結論になってしまいそうです（実際、「人生は糞ゲー」コピペの終わりもそうなっています）。

人生はゲームではない！

「人生は神ゲーである」という意見もあれば、「人生は糞ゲーである」という意見もある。こういうのを見ると、「おいおいどっち？」とか思っちゃう。でも、実はもう一つの考え方がありますよね。そう、「人生はゲームではない」という考えです。

考えてみると、「人生は神ゲーである」説と「人生は糞ゲーである」説は、一見すると正反対のように見えるけど、実は「人生はゲームである」と考えている点では共通でしょう？だから、「人生は神ゲーである」、「人生は糞ゲーである」、「人生はゲームではない」という三つの意見があるのではない、のです。そうじゃなくて、選択肢は「人生はゲームである」と「人生はゲームではない」という二つです。

そして、もし「人生はゲームである」という捉え方が正しければ、その場合には、改めて「人生は神ゲーなのか、それとも糞ゲーなのか」という問題が浮上する。だけど、もし「人生はゲームではない」の方が正しいのだとすれば、「人生は神ゲーである」も「人生は糞ゲーである」も、両方とも間違っていることになります。だから、いきなり「人生は神ゲーなのか、それとも糞ゲーなのか」と考えちゃいけません。それは、すでにもう一方の意見だけを念頭においた（そういう意味で言えば、偏った）考えだからです。

教室での意見

さて、では、「人生はゲームである」のか、それとも「人生はゲームではない」のか。

そこで、授業でもみなさんの意見を聞いてみた。そうしたらやっぱり意見は分かれて、「人生はゲームだと思う」って人もいれば、「そんなはずない」っていう人もいる。もちろん、正確に真っ二つというより、どっちかと言えば「ゲームじゃない」派の方が多いんですけど、比率は六対四くらいですかね。それに、「どっちだか分からない」とかっていう人もいるにはいるけど、だいたいの人が「ゲームだ」、「ゲームじゃない」の二つに分かれるわけです。

そしてね、白熱するのです。もちろん、あまり関心がなくて「まあ、どっちでもいいけどね」っていう感じの人もいるにはいるんだけど、「人生はゲームだ」と考える人は考える人で、「そうとしか考えられない！」と言うし、「人生はゲームではない」と思う人は、「なんで人生がゲームなんだ?」ってプンプンしているし。そこにさらに、「人生は神ゲー」とかちゃうわけです。「こんなゲーム、誰が作ったんだ！」とか言い出しちゃうわけです。「はいはい、ちょっと待ってね、神か糞か（それにしてもちょっと汚いね）の前に、まずは「人生はゲームか」の答えを出さないと」とか言っても耳に入らないくらい。

世の中でも

こんなふうに意見が分かれるのは、その背後に切実な思いがあるからだろうと思います。それというのも、みなさんがそれぞれに自分の人生を生きているからです。我々は一人ひとり、ほんとにいろんな経験をしていて、だからこそ、それに照らしてみると、「これがゲームじゃ困る」とか、「やっぱり人生は楽しい、ゲームのように楽しい」とか、「こんな苦しいものがゲームなわけない」とか思う。

ちょっと教室を出て、世の中の人たちの意見を聞いてみてもそうです。すごく頭もよくて、何でもうまくいっちゃう人は「人生なんてゲームのようなものさ」と思うかもしれません。これは後でも取り上げますけど、マネーゲームなんていう言葉もあるし、ゲームのようにすいすいお金儲け（もう）けする人もいれば、あるいは、恋愛をゲームのように楽しむ人もいる。「やり方さえ知っていれば、簡単なものだよ。君もどう？　そう、参加しなければ負け組だよ」という声も聞こえてきます。

しかし一方では、逆にひどく生きづらいと感じている人もいて、これも後で取り上げますけど、「人生は理不尽だ。なぜこんなわけの分からないゲームに巻き込まれなきゃいけないんだ」と憤る人もいれば、「ゲームが楽しいものなら、人生がゲームなわけない」と思い詰める人もいる。中には、「せめてここ（つまり人生の現実）から逃避したい」と思って異世界もののファンタジーを読んだり、あるいは、デスゲームもののマンガでもっとツライ状況に巻き込まれる登場人物たちの姿を見て同情したり、あるいは逆に、そこに慰めを得たりする人もいるかもしれません。だけど、もっともっと思い詰める人もいるかもしれない。

そう。そうですよね……。

でもね、だからなんですよ。だからこそ、ここで落ち着いて考えたいのです。だって、「人生はゲームだ」と思って楽しんだり割り切ったり、あるいは、「人生はゲームじゃない」と思って真面目に生きようとしたり、でもそれで苦しくなったりっていうだけじゃあ、本当かどうか分からないふわふわしたものに頼ったり苦しんだりすることになるからです。楽しむにしろ、苦しむにしろ、本当のことが分かった上でなら、まだ納得できます。だからこそ、答えを出したいのです。

答えは人によって違う？

でも、人々の意見はなかなかまとまりそうにない。そうなると、「こんな問題、答えなんかない！」と言い出す人も出てきますよね。「人によって答えは違う」とか。

うん、そうね。まあ、気持ちは分かります。でも、「人によって違っている」でオッケーなのか？　ってことなのです。人によって違っていて、だからどっちでもいい？　でも、「どっちでもいい」なんて、やっぱりそういうのはズルいっていうか、もしそんなんでいいんだったら、さっきまで白熱していたあの議論は何だったんだっていう気もするし。それに、いつでも「人によって違う」、「どっちだっていい」とかって言ってると、もう何でもありになっちゃって、場合によってひどく困ることも起きます。例えば、「なぜ人を殺してはいけないないか」なんていう問題も、「うん、考え方は人それぞれだよね」で済んじゃう？　うん、それは明らかにヤバい。

それに、実を言うとね、こういう問題にも答えを出す方法があるのです。

いやいや、「さあ、こういう難しい問題があるけど、自分でも考えてみよう」といったごまかしじゃなくてね。だから、「これが答えですよ」ってことは今すぐでも言えるわけだけど、でも、答えだけ見ても意味はないのです。いやね、よくあるんですよ。「ごちゃごちゃ説明は要らないんで、答えだけ、結論だけ言ってくれます？」って質問してくる人。そりゃ言ってもいいいんだけど、そうすると「納得できないなあ」とか言うわけ。ね、やっぱり説明が要るでしょう？

だから、この本では答えは出るんですけど、無責任に「これが答えだ」っていうやり方（何とかコンサルタントとか宗教なんかがよくやってるヤツです）は取らない。ただ、その分だけ説明も入りますからよろしく、というわけです。

第二章　答えの出し方

意見には前提がある

例えば、「人生はゲーム」派の人に、「それはなんで？」と聞いてみましょう。実際に授業でもやったことがあります。すると「だって、人生もゲームも選択の連続だから」とか、「なぜなら、人生もゲームも勝ち負けがあるから」とか、いろんな理由が挙がってくるわけです。そうなんですよ、「『人生はゲームか』なんて、人によって違う」って言いたくなる気持ちも分からないではないけど、実は「人はどんな答えでも自由に（テキトーに）選べる」っていうわけじゃないのです。

例えば吉村さんが「人生はゲームだと思う」と言うので、「なんで？」と聞いてみます。すると、「だって、ゲームはリセットできるけど人生はできないから」という答え。おお？これは変でしょう？「ゲームも人生もリセットできるから、同じだ」というのならまだ分かります。でも、「ゲームはリセットできるけど人生はでき**ない**から、人生とゲームは同じ」っていうのは、理屈に合わない、筋が通らないわけです。

「ゲームはリセットできるけど人生はできないから」と言ったとたん、もう答えは決まってきます。理由がこれなら、答えは「人生はゲームじゃない」とならざるをえない。

「ゲームはリセットできるけど人生はできないから」という部分が、いわゆる理由あるいは前提です。で、そこから導かれてくる「人生はゲームだ」というのが意見、結論。そして、理由と意見、前提と結論がスムーズに繋がっていれば、「理屈に合っている」ということになって、まともな意見になるわけです。

証拠を出せ！

何か主張する、結論するためには、その理由＝前提を示す。これは、自分の意見を証明する証拠を用意するようなもの。警察が犯人を捕まえるにしたって、証拠がなければいけないでしょう？　証拠なしに捕まえたって、裁判になったら無罪になって終わりです。っていうか、証拠がなければそもそも裁判にすらならない。いずれにせよ、捕まえた意味がない。

それと同じで、自分では「意見」を言っているつもりでも、その証拠になる理由、前提がなければ、人からは「意見」として認めて貰えません。「人によって意見は違う」って言う人は多いけど、そんなのウソウソ。だって、そこで「意見」って言っているものは、たいていは理由、前提もなしに雰囲気だけで言っていることだったりするからです。「人によって意見は違う」というのは、自分で考えるのが面倒くさい人の言い訳に過ぎないのです。「証拠となる理由、前提を出せ」なんて言われると、確かに面倒くさい。どうやったらいいのか、その手順も分からない。だけど、少し積極的な言い方をすると、手順さえ分かって一手間を掛ければ、出来上がってくる答えもひと味違ったものになるわけです。

自分の心に聴く

「正しい」と主張するためには、証拠が必要。科学の場合、その「証拠」に当たるのが、実験や観察の結果ということになります。

実験や観察が大事だってことは、小学校の頃からさんざん教わりますね。実際、実験や観察っていうのは、これはもう手順そのものなので、やり方も比較的簡単に教えられるわけです。

では、考える場合、哲学する場合には、どうやって証拠を得たらいいのでしょうか。そう、問題はそこなんですよね。そこが正直言って教えにくい。私も哲学をもう、三〇年くらい教えていますが、まだ試行錯誤の連続。だけど、一つ言えるのは、これはもう地道にやるしかない、ってことです。

科学の場合も、「実験、観察」と言ったって、実は地味な作業の繰り返しです。小中学生が学ぶときには、どういう結果が得られたらいいのかもう分かってるんで、言われた通り実験・観察していればいいけど、科学者たちが実際にやる場合には、「一回やってうまく行った、はいオッケー」っていうんじゃありません。うまく行ったのは「たまたま」かもしれないんで、それを何度も繰り返しやる。失敗したらまたやり直す。何度も失敗したら、ちょっとやり方を変えてみる。さっきはAという薬品を使ったけど、今度はBを使ってみる、それでもだめだったらC、D、EからZまで行って終わりかと思ったら今度はa、b……、というように、ものすごく地道な作業です。

こうした科学の実証に対して、哲学では論証と言いますが、これも着実に一歩ずつが基本です。

ただ、「道具を使って、目を使って、相手にするのは物の世界」という実証に対して、理由や根拠を考える論証の場合には、物の世界、外に目を向けるんじゃなくて、自分の内側、心に問いかける。そういう違いがあります。

意味のある答え

大事なポイントなのでもう一度確認。大切なのは、意見、答えそのものというよりも、それの前提になっている理由、根拠だっていうことでした。

「人生はゲームだと言えるか」という問いに対して、「言える」とか「言えない」という答えを出すことは、もちろん大事です。だって、それを知りたくて問題を立てているわけだから。でもね、ぶっちゃけた話、内容についてまったく理解していなくても「そうだ！」とか「ノー！」とかって言えるじゃないですか。そうなんですよ、答えは大事だけど、もちろんその通りなんだけど、でも、答えだけでは実はほとんど意味がないのです。「言える」とか「言えない」という答えが答えとして意味をもつのは、「なぜそう言えるか／言えないか」という理由、前提とセットになってこそなのです。

例えば、「縦が四センチで横が五センチの長方形の面積はいくら？」と聞かれて、山田さんは、「長方形の面積は縦かける横だから、この場合は四×五で。答えは二〇平方センチ」と答えました。

西田さんは「長方形の面積は縦かける横で、問題の長方形の場合は四×五を計算すればいいんだから、答えは二〇〇平方センチ」と答えました。

吉村さんは「分かんないけど、だいたい二〇くらい」と答えました。

答えだけ見れば、西田さんは間違っているわけです。正解を答えたのは山田さんと吉村さん。だけど、みなさんが先生として採点する側だったらどうですか。吉村さんのに丸を付けたくないでしょう？ だって、それは答えがたまたま合ってただけなんだから。本人も正直に言っているように、分かっていないわけだからね。

それに対して、西田さんは、答え（結論）そのものは間違っているけど、考え方（理由）は合っているわけです。もちろん、いちばんいいのは、山田さんの、考え方も答えも合っている場合だけど。

だから、私がこの三つの答えを採点するなら、山田さん一〇点満点、西田さん五点、吉村さん零点かな。まあ、吉村さんの場合、たまたまだとは言え、「答え」（だけ）は合っているんだからというので、大負けにオマケしても、二点というところでしょうか。逆に、西田さんには七点か八点あげてもいいくらい。

「それはおかしい、だって西田さんの答えは間違っているじゃないか。だけど、吉村さんの答えは合ってる」と言う人がいるかもしれません。でもね、考えてみれば、西田さんは分かっているでしょう？ それに対して吉村さんは、申し訳ないけど分かってない。

そう、大事なのは、「答えを出す」とか、「答えを知る」とかじゃなくて、「問題について理解する」こと、「何が問題になっているかが分かる」ことなのです。

絶対的な答え

ついでに、これも授業でわりあいよく出てくる「絶対的な答えなんかないと思います」っていう意見を採り上げてみましょう。

うん、私もそう思います。例えば、「一足す一は幾つですか」という問題があるとします。多くの人は(というか、ほとんどの人は)、「答えは二です」と答えるでしょう。だけど、それは「絶対に」と言えますか?

えーっと、例えばの話ですけど、水一リットルとエタノール一リットルを足すと、実は二リットルになりません。水の分子は大きいので、その中に小さなエタノールの分子が入りこんでしまって、いわば縮んでしまうからです。

こうした例は別に珍しくはありません。「一足す一」が二にならない例はいくらでも挙げられます。だから、「一足す一は二」というのは、「いろんな例外を除いて、単なる数字として考えれば」という条件が、隠れた前提としてあるのです。

るのです。

「絶対的に」というのは、言い換えれば、「まったく無条件に」ということです。さらに言い換えれば、「なんの前提もなしに」ということです。そんなの考えられないです。我々が何かを考えるとき、もうそれはその「何か」ということで条件ないし前提が織り込まれているのです。

隠れた前提を明らかにする

ところが、多くの場合、我々はそうした隠れた前提みたいなのがあることを忘れがちです。あるいは「常識」と思って言わなかったりする。これこれ！　これが曲者(くせもの)なんですよ。だって、こっちが「そんなの常識だろう」って思っていても、相手がそれを分かってくれなかったり、逆に、予想もしてなかったことを「こんなの常識でしょう？　知らないの?!」と責められたりすることもよくあるからです。

そう、だから、人と話をするとき、特によく知らない人と話をするときには、そういう隠れた前提に注意しないといけません。そのためにはふだんから、自分がどんな前提をもっているかを自覚しておいた方がいいです。

例えば、「人生はリセットできないから、人生はゲームではない」という主張は、当然のことながら、「人生はリセットできない」という前提をもっています。これは分かる。だけど、この言い方だけだと隠れてしまっているけど、もう一つ、「ゲームはリセットできるもの」という前提があるはずです。

「いや、そんなの当たり前じゃん、当たり前のことを改めて言ってどうするの？」と思う人もいるでしょう。だけど、そういう「自分の当たり前」が、いつでも「みんなの当たり前」だとは限りません。SNSなんかで、お互いによく知らない人たちの間で争いが起こったり炎上したりするのもそのためです。ああいうのはほとんどの場合、「自分の当たり前がみんなにとっても当たり前に違いない」とひそかに思い込むことから生まれています。

実際、「ゲームはリセットできる」というこの前提はかなり怪しいです。というのは、「人生はリセットできないから、人生はゲームではない」と言う人に話を聞いてみると、こういう人が「ゲーム」と呼んでいるのは、つまりはコンピュータゲームのことなのです。でも、「ゲーム」と言ったって、スポーツだってゲームの一種でしょう？　で、「昨日の巨人・阪神戦では巨人が勝ったけど、気に入らないからリセット」などと言っても、それは通用しない。別にスポーツじゃなくてもいいです。カジノで、「負け込んできたから、今までのはナシね」なんていうわけにはいかないでしょうねえ。

これで分かるように、自分が「常識」だと思っていることは、なんせ自分にとっては「常識」で「当たり前」なので、あえて「これが議論の前提、考えるときの条件だ」などと意識していない。だけど、そうした自分にとっての「常識」が、他の人にとっては全然「常識」じゃないこともある。

「理解する」なんて言うと、「知らないことを知る」っていう意味だと思っている人がいます。でも、実はね、「分かる」とか「理解する」っていうことのかなりの部分は、「今まで知らなかったことを知る」というより、「なんとなく知っていたけどはっきりしていなかったことをはっきりさせる」ことだったり、あるいは、「自分では気づいていなかったけど、暗黙のうちに前提にしていたことを自覚する」ことだったりするのです。これがさっき言った「自分の心に聴く」っていうことです。

「自分では気づいていない隠れた前提に注意しなくちゃいけない」なんて言うと、うっとうしく思ってネガティブに受け取る人もいるかもしれないけど、ちょっと積極的に言うと、そういう前提に気づいていれば、そこから答えを導いたり、結論を出したりすることができる（少なくとも考えの道筋ができる）と言えます。

前提、理由の正しさ

さて、「人生はゲームか」。

前の章では、授業で「人生はゲームだと言える？」って聞いてみると、賛成も反対も両方が出てくる、っていうところまで行きました。

具体的な例を見てみましょう。そうですねぇ、一番多いのはやっぱり、「人生はゲームと違ってリセットできない」というヤツです。

だけど、さっきもちょっと書いた通り、「人生はリセットできない」は、実は大いに怪しい。結論を支えるのは前提＝理由。だけど、その肝心の前提＝理由が怪しければ、結論だって怪しくなってしまいます。

「ゲームはリセットできる」、「ゲームは楽しい」、「ゲームは……」というような、いろんな常識的なイメージはあるけど、それらが正しいかどうか、実は怪しい。だったらどうすればいいか？　簡単な話です。「そもそもゲームとは何か」、そこから、根本から考え直す。「人生とはゲームである／ない」と言ったって、肝心の「ゲームとは？」ってこと（つまり前提）が決まらなければ答えも決まらない。逆にそれが決まれば答えも決まるわけだから、その前提を正確に定めなきゃいけない、ってことです。

「人生はゲームか」という問題に、直接答えを出してはいけないのです。だって、そもそも「ゲームとは何か」がはっきりしていないんだから。だから、我々がまず考えるべきなのは「ゲームとはそもそも何なのか」ってことです。「根本的なところから考え直す」なんて言うと、「うわー、面倒そう！」と思うかもしれませんけど、結局、それが一番確実で近道なのです。

第三章　ゲームとは何か

「結局、ゲームとは何か」問題

というわけで、「人生はゲームか?」に答える前に、まずは「ゲームとは何か」。

いや、授業でもね、学生さんに「『人生はゲームか』と聞かれたらどう答える?」って聞くとあれこれ答えてくれるんですけど、少し慎重な人になると、「それはどんなゲームかによります」とか、「そもそもゲームをどう考えるかによる」と言ってくれます。そりゃそうですね。そう、その通りなんです。

逆に言うと、「人生はゲームか?」みたいな問題で意見が分かれるのは、それぞれの人が「ゲーム」という言葉に自分勝手なイメージをもっているからじゃないか、と考えられます。例えば、前に出てきたので言えば、「ゲームはリセットできる」と言う人は、コンピュータゲームのようなタイプのゲームを思い浮かべているんだろうと思います。そして、このイメージに囚われてしまった人は、「人生はリセットできないから、ゲームではない」と信じ込んでしまう。そして、ゲームについて別なイメージをもっている人も、その別なイメージに頼って、勝手な結論を出してしまう。

「ゲーム」っていうことで思い浮かべているものが人それぞれで違うんだから、出てくる結論も違っちゃう。当然と言えば当然なのですが、これが実によくあるわけです。世の中であれこれと議論で揉める原因の一つは間違いなくこれでしょうねえ。その挙げ句に喧嘩になったりっていうようなこともある。やれやれ。

「そもそも論」否定論者の罠

だからこそ、確実な答えを出すためには、「そもそもゲームとは何か」という前提、いわば議論の土台になるものを決めておくのがいいわけです。

これに対して、「「そもそも論」なんか意味がない、そんな暇なことをしているくらいなら、ちゃっちゃと決めて行動した方がいい」と主張する人も出てくるのでややこしい。

なるほど、命の危険がある場合には、「ちゃっちゃと行動」がいいに違いない。だけど、こういう歯切れのいい意見には要注意です。少し考えてもいい場面でそう主張する人は、自分の中に勝手な意見をもっていて、みんなをそっちに誘導したいと思っている可能性が高いからです。歯切れのよい、きっぱりした意見は気持ちいいし自分で考えなくていいので楽だけど、大きな落とし穴になります。

要らないものと必要なもの

とは言え、「ゲームとは何か」を定めるなんて、確かに簡単ではないです。だけど、不可能ではない。考えていくと、だんだん分かってくるところもあるかもしれない。

実際、授業で何度かやってみたのですが、そうすると、案外できるものです。

ゲームとは何か。言い換えると、「ゲームの本質」と言ってもいいです。あるいは、「ゲームの概念」と呼ぶこともできます。「概念」というのは、英語だとコンセプト、ドイツ語だとベグリフと言いますが、これは両方とも「摑む（つか）」という意味の動詞からできた言葉です。ゲームならゲームってものを、どう捉えるか、どう摑まえるか。摑まえた内容が「概念」。

でも、「概念」なんていう言葉に囚われて小難しく考えるくらいなら、ざっくり言って、「ゲームならゲームにとって何が大事なのかを取り出す」くらいに考えればいいです。

「えーっ、何が大事なのか分からないじゃん」と思う人もいるかもしれませんけど、コツがあります。

一つには、思い切って捨てること。つまり余計なものはできるかぎり取り除くのです。

「ゲームと言えば、なんとなく思い浮かぶ」っていうものはたくさんある。だけど、それらの中には、特定のゲームには当てはまっても別なゲームには当てはまらないっていうものも多い。そういうのは人によって違う部分で揉める元だから、思い切ってポイします。

そうですねぇ、例えば、前から出ている「リセットできる」っていうのは、コンピュータゲームには当てはまるけど、スポーツとか他のゲームには当てはまらない。だから、こういうのは余計なもの。取り除いておいた方がいいわけです。

もう一つは、本当に大事なものだけを残すこと。これは「一部のゲームにしか当てはまらないものは取り除く」の裏側で、「どんなゲームにも当てはまるような大事なものだけ残す」ってことです。もっと言うと、単に「大事なもの」というより、「それがないとゲームが成り立たないくらい大事なもの、ゲームが成り立つための必須の条件」と考えるといいです。「大事」というだけでは、「オレはこれが大事だと思う」なんてことになって、主観的になってしまいがち。だから、「ゲームが成り立つための必須の条件」を考える。こっちの方がやりやすいでしょう。

勝ち負けがある？

さて、では考えてみましょう。

「リセットできる」はダメでした。リセットできないゲームもあるから。じゃあ、というので、みなさんからよく出てくるのが、「勝ち負けがある」というヤツです。なるほど、これならスポーツなんかにも当てはまる。っていうか、スポーツだったらそりゃあ勝ち負けがある。ボードゲームとか、あるいはRPG（ロールプレイングゲーム）とかも。なるほど、「ゲームとは勝ち負けがあるもの」と言えばいいのか！

……いや、そうでもないかも。例えば、ソリティアとか、あるいは若いみなさんはもう知らないかもしれないけど、昔はゲームセンターに付きものだったピンボールとか、ああいうのは一人でやるものだから、勝ち負けはない。だから、「勝ち負けがある」は、残念ながら全部のゲームには当てはまらない。

でも、なかなかいいアイディアだとは思うんですよ。そうすると、こういうのをちょっとイジってやるといいのです。「勝ち負け」だったら、確かにあるゲームとないゲームがあるけど、勝ち負けのないゲームでも、終わりがあるんじゃないか。RPGだったら、ステージごとに「クリア」があって、最終的にはラスボス倒す、みたいな。すごろくだったら「上がり」、他のボードゲームだったら「ゴール」とか、「フィニッシュ」とか。

だとすると、ゲームには「勝ち負けとか、クリアとか、上がりのような、終わりがある」と言えばいい。うん、いい線です。ただ、単なる「終わり」ではなくて、みんなそこへ向かってプレイするわけです。一人でやるゲームの場合だったら、ハイスコアを目指すとか。だから、「勝ち負け」ではなく、単なる「終わり」でもなく、そうですねぇ、正確に言えば、「プレイヤーが目指す終わり」と言えばよさそうです。

考えてみると、英語の「終わり」は「エンド」って言いますね。この「エンド」には、「終わり」の他に「目的」という意味があります。そう、目的というのは目指すもののこと。そして、目的、目指すものというのは、そこに辿(たど)り着いたら「終わりになるもの」ですしね。

逆に、こうした「プレイヤーが目指す終わり」がないと、そりゃあゲームは成り立たない。例えば、テニスとか卓球で、練習の時にはお互いにミスしないでラリーを続けるわけですが、それは練習だから。試合（つまりゲーム）になったら、相手が打ち返せないようにするのを目指すわけです。打ち返せなかったら、それで終わり。そういう終わり＝目的が決められていないと、どうプレイしたらいいかも分からない。ゲームにならないわけです。

うん、そうするとやはり、これはゲームに必須の要素らしい。

ルールがある？

だけどもう一つ、よく出てくる意見があります。「ルールがある」というのです。なるほど、これはスポーツなんかの場合だととても納得のいく意見です。ルールをどう設定するかで、別なゲームになったりしますしね。

例えばサッカーでは「ボールをゴールまで運んだら得点が与えられる」。これがさっき出てきた「目的＝終わり」。だけど、運ぶときに「ボールを手で扱ってはいけない」というルールがあります。これはかなり強力なルールです。だから、野球なんかの、ルールが非常に複雑なスポーツに比べると、あまりルールが要らないのです。でも、だからこそ、このルールを変えると、同じような目的＝終わりが設定されているスポーツでも、実質的には全然違ったスポーツになります。そう、ラグビーですね。

こう考えていくと、ゲームの中でも、スポーツなんかは特に「ルールで出来ている」とさえ思えてきます。

これは、スポーツに限りません。同じカードを使うゲームでも、ルールが違うと、ポーカーになったり七並べになったり、ババ抜きになったりする。ふむふむ。

だけど、コンピュータゲームなんかの場合は？ 「ルール」っていうのとはちょっと違うかもしれない。でも、それに近いものはあります。例えば、操作方法なんかは決まっている。それがプログラムされている。

そうですねぇ、ちょっと違う。だけど、スポーツやカードゲームなんかの場合でも、コンピュータゲームの場合でも、「できること、できないことが定められている」と考えたらどうでしょう。これだったら、スポーツの場合のようなルールも、コンピュータゲームのプログラミングにも当てはめられる。うん、いけそうです。

そうですね。ちょっと形を整えておきましょうか。さっき出てきたのは、「プレイヤーが目指すべき終わりが定められている」ってことでした。だったら、今出てきたルールとかプログラミングとかいうのは、「プレイヤーができること、できないことが決められている」と言えばいいでしょう。

他には？

他にあるでしょうか。ゲームが成り立つために必要なもの。

わりあい出てくるのは、「プレイヤーが必要なんじゃない？」という意見です。そうですね、これも入れてもいいです。「入れてもいい」なんて頼りなく聞こえるかもしれないけど、でもね、考えてみると、さっき出てきた二つの条件には両方「プレイヤー」っていうのがもう入っているでしょう？　だったら、三つ目の条件として独立させなくてもいいだろう、と私は思います。

ただ、これはいまさら言うまでもないだろうけど、っていうのが一つあります。前に見たように、「当たり前」と思えても、はっきりさせておいた方がいいんであえて言いますけど、それは、「人間がやること」、「人間の活動」だってことです。それこそ「当たり前じゃん」と言われるかもしれませんけど。

そうすると、定義みたいに言うと、こうなります。「ゲームとは、［1］プレイヤーが目指すべき終わりが定められていて、かつ、［2］プレイヤーにできること・できないことが定められている人間の活動である」。

うん、なんかそれらしくなってきました。よしよし。

こうなれば、後はこれを「人生」と比べてみればいい。そうすれば、我々が求めていた「答え」が得られるはずです。

第四章　「人生はゲームか？」解決編

人生にゲームの条件を当てはめる

さて、「ゲームとは何か」が分かりました。ゲームが成り立つには、二つの条件が必要だった。だから、この二つの条件が揃(そろ)っていなければ、「人生はゲームだとは言えない」ってことになります。

念のために言っておくと、さっき発見した条件は、その二つとも、ゲームが成り立つために必ず要る条件でした。だから、どっちか一つだけではだめです。両方揃ってはじめてゲームになるわけですからね。

さて、実際にやってみましょう。

「人生はゲームであるか？」

このうち、「ゲーム」の中身がもう分かったわけだから、いわば「代入」すればいいわけです。

人生にルール的なものは？（条件［2］）

ちょっと順番を変えて、まずは条件［2］から。ゲームの場合はプレイヤーと呼びましたけど、これは人生の場合だったら、人間のことですね。で、人間には「できる・できない」といった制限が定められているか。

そうね、「そんなの当たり前じゃん！」と言われるかもしれないけど、例えば、「人間は空を自由に飛ぶことはできない」というような制限があります。それに、「人は人を差別できない」なんていうのもある。こっちは、厳密に言えば「できる・できない」と言うよりも、「してもよい・してはいけない」と言った方がいいかもしれませんが、人間社会のルールですね。法とか道徳とか。

うん、これで分かりました。どうも、人生にもやはりゲームの条件［2］がありそうです。

人生に終わり＝目的は？（条件［1］）

次、条件［1］です。我々人間には目指すべき目的、終わりが定められているか？

うーん、もうはっきり言って、これはナシでしょうねぇ。後で詳しく見ますけど、生まれたときから、何かのために生きるかが決められているとは思えないですもんね。

いやね、身分制があった昔だったら決められていたって言えるかもしれない。「お前は職人の子なんだから将来は職人になると決まっている。立派な職人になれ」とかね。それに今でも、「ウチは代々医者の家系で」とかそういう場合がないとは言いませんけど、普通に考えれば、「人生で目指すべきものが最初から定まっている」というのは、やっぱり正しいとは思えないわけです。

得られた答え

さて、ここまで来ればもう結論が出たことになります。ゲームが成り立つために必要な条件のうち、一つ（ルール的なもの）は人生にも見つかりましたけど、もう一つ（目的みたいなもの）は人生にはなさそうでした。どっちも欠かせない二つの条件のうちの一つがない。だから？　そう、「人生はゲームだとは言えない」。これが答え、結論です。

答え以上に得られたもの

「人生はゲームだと言えるか」という問題に答えを出すために、「ゲームとは何か」なんていう問題を先に考えました。問題の解決のために、もう一つ別の問題を解決しておく。これはちょっと遠回りに見えたかもしれませんが、その効果は絶大です。「人生はゲームだと思う」とか「人生はゲームなんかではない」とか、問題にイエス・ノーで答えるだけなら簡単なこと。でも、問題はそれの土台になるちゃんとした理由・根拠があるか、ってことでした。今我々は、その理由・根拠、つまり結論をちゃんと導けるだけの十分な前提を得られたわけです。

「人生ってゲームだと思う?」と聞かれて、「いや、そうは思わない」と答えたとする。そうすると相手は、「そうかな? なんで?」と聞いてくる。今までなら、「いや、何となく……」とごまかすか、あるいは、「人生はリセットできないから」というような、その場の思いつきの理由を挙げるしかできなかったのが、今では、ちゃんと自信をもって答えることができるからです。

「人生はゲームなんかじゃない」。

それはなぜ?

「だって、ゲームであるためには、ルールのようなものと、目指す目的が定まっていないといけないけど、人生には、ルールはあっても、目的が決まっていないから」。

なるほどねっ!

さらに得られたもの

でも、それだけじゃなくて、もっと得られたものがありました。というのは、我々は「人生」についても、少しはっきりさせられたからです。そう、人生にも法則やルールがあること、一方、人生の目的といったものは定まっていないこと、です。

そうですね。ひょっとすると、気になっていた人がいるかもしれません。「人生はゲームか」に答えるためには、「そもそもゲームとは何か」を考えておくとよい、と言いました。だけど、もう一つ「そもそも人生とは何か」も考えておいた方がいいんじゃないか？

その通りです。だけどね、「ゲームとは何か」なら、まだ比較的簡単に考えられるかもしれないけど、「人生とは何か」なんていう問題、すぐに答えられるとは思えないわけです。「だったら「人生はゲームか」という問題にも答えられないじゃん！」と思う人もいるかもしれないけど、そうではないのです。人生とゲーム、ゲームと人生、二つのうちの片方だけでもはっきりさせておけば、それと比べることで、もう一方についても考えることができるからです。

実際、「人生とは？」なんて難しい問題だけど、まだこの本が始まってまもないこの段階でも、そんな難問を考える手がかりくらいは手に入ったわけです。そう、人生にも一定の決まりがある、だけど、目的が定まっているわけではない。

考えてみれば、「人生はゲームか」という問題に対する答えよりも、こっちの方がもっとずーっと大事な結論かもしれません。

「うすうす」から「クッキリ」へ

もちろん、「そんなことくらい、うすうす分かってたことじゃん」と思う人もいるかもしれません。例えば「人生には「できる・できない」があるなんて、そんなの知ってた」とか。うん、その通り、うすうす分かってたことなんですよ。だけど、大事なのはその「うすうす」をはっきりクッキリさせることなのです。

なぜこれが大事か。それは、「うすうす分かってる」というところからは、「さらにその次」を考えることができないからです。だって、「うすうす分かってた」と言っても、それは「はっきりとは分かってなかった」わけだから、そこから自信をもって次に進むことは難しいからです。無理に進んだとしても、ろくなことにならない。

それに対して、「はっきりクッキリ」させたら、今度はそれを元にして「さらにその次」

に進めるわけです。これはなかなか凄いことです。

新しい出発

ええっと、つまり？

つまりね、我々は「人生はゲームだと言えるか」という問題について考えて、その答えを得ましたけど、これは、いわばファースト・ステージをクリアしたみたいなものです。もちろん、それで満足できるのなら、ここで終わってもいいわけです。実際、前に書いた教科書ではここで止めておきました。一つの例として、「こんなふうに考えられますよ」というのが示せればそれでよかったからです。だけど、この本は違います。これを新しい出発点にして、ここから別なところへまた出かけることも可能、だったら、行けるところまで行ってみよう、というわけです。

実際、我々は「ゲームとは何か」について目処（めど）はつけたわけですが、「人生とは何か」については、ちょっとしたヒントを得ただけで、まとまった答えはまだ。っていうか、そんなのが簡単に手に入るくらいだったら、苦労なんかしない。だから、もちろん簡単じゃないだろうけど、ここまでできたんだから、もうちょっと詰めてみよう、というわけです。答えがパッケージされて完成品がお店で売られているなんてことはない。だったら、自分たちで作ってみよう、見つけてみよう、というわけです。

練習問題1　受験・掃除・戦争はゲームか？

もう一つの代入

さっきの章では「人生はゲームだと言えるか」の「ゲーム」のところに、ゲームの概念を代入して、答えを出した。

それに対して、今度は「人生」の方にあれこれ代入することもできます。「〜はゲームであるか」の「〜」のところを他のものに変えてみるわけです。

授業で、「「〜」のところに入れるものを考えて下さい」と言うと、よく出てくるのが「恋愛」とか「裁判」とかです。他にも、身近なものとして「掃除」とか「学校生活」とか、「料理」とか「受験」とか。

そうすると、例えば「恋愛はゲームだと言えるか」とか、「裁判はゲームか」とか、新しい問題が作れる。そうね、考えてみるといくらでも出てくるでしょうけど、練習のためにいくつかやってみますか。

問一：受験はゲームか？
問二：掃除はゲームか？
問三：戦争はゲームか？

この後に解答例を載せておきますから、できれば自分で先に解いてみてください。

受験はゲームか

さて、「受験はゲーム」だと言えるでしょうか。「ゲーム」は、以前だったらよく分からないブラックボックスだったけど、今はその中身が分かっています。だから、それを代入してやる。で、ゲームの場合には、その中身に二つの要素があったわけなので、元の「受験はゲームか」という問題は、

［1］受験には、プレイヤーが目指すべき目的が定まっているか？

［2］受験では、プレイヤーにできること・できないことが定められているか？

という二つの問題に分けられます。問題が二つに分かれちゃったというので、「面倒になったな」と思う人がいるかもしれませんが、「ゲーム」の中身も分からないまま「受験はゲームか」をウネウネ考えるより、こうして問題を分割した方が格段に答えやすくなっています。

で、［1］ですが、これは、普通に考えると、定まっているでしょうねえ。だって、受験する以上は、「合格すること」を目指しているわけでしょう？　もちろんね、中には「記念受験」とか言って、合格するなんて思ってなくて、「ともかく記念にもなるし受けるだけ東大受験してみっか！」っていうような場合もあるだろうけど、一般的に考えれば、まあ、合格したいわけです。だから、目的はある。つまり、受験は、ゲームの条件［1］を満たしている。

では［2］は？　うん、これも当てはまるでしょうね。試験である以上「カンニング」なんかできないわけです。やったら失格。スポーツの「退場」みたいなものです。受験でも、そういうルールは明確にあります。つまり、受験は、ゲームの条件［2］も満たしているということです。

ということは、もう答えが出ました。「受験はゲームであると言える」。これが答えです。

ふむふむ、なるほど。

掃除はゲームである？

さあ、「掃除はゲームか」。

［1］「何のために掃除をするか」と言われたら、たぶん「綺麗にするため」とか「その方が気分がいい」とか、そういうことじゃないですかね。つまり、意味もなく掃除するってことはない。だから、掃除するのには目的がある。

［2］じゃあルールは？　うん、これは、「そうすれば効率的」とか「こうするとうまくいく」っていう手順のようなものはあるけど、それは、「守らないとゲームとして成立しないルール」のようなものじゃないですね。

ふむ。だとすると、掃除の場合は条件［1］は当てはまるけど、［2］は当てはまらない、ってことになりそうです。そうすると？　うん、つまり掃除はゲームとは違う。

戦争はゲームである？

最後は「戦争はゲームであるか」。

さて、まず条件［1］。戦争に終わり＝目的はあるでしょうか。うん、普通に考えればあるでしょうね。だって、「目的なんかないけど戦争したいからやる」っていうのは、ちょっと考えにくい。「勝つためにやる」というのが普通でしょう？　勝って、相手に言うことを聞かせる、こっちの言い分を認めさせる。それが戦争の目的。

で、二つ目、戦争には「できる・できない」とか、「してよい・してはいけない」といったルール的なものはあるでしょうか？　中には、「人を殺すことまでやっちゃうわけだから、戦争では何をしてもいい」と思う人もいるかもしれません。だけど、実はそうではありません。典型的なのは、捕虜の取り扱いを定めたジュネーブ協定です。その他にも、国際法と呼ばれるものがあります。いや、実際そういうものがないと困るのです。お互いに殺し合いだけして、ルールも決着の付け方もないまま、その殺し合いだけを延々と続ける……なんていうことになったら最悪。目も当てられません。

もちろん戦争は、それだけでもう悲惨。やっても得はありません（勝った方にも）。だけど、どうしようもなく戦争が起こってしまうことはあり得ます。そうしたときに、ルールも何もなかったら、そちらの方がよけいに悲惨です。だから、起こらない方がいいに決まっているけど、ルールはあらかじめ考えておかねばならないのです。

　もちろん、国内の法律とは違って、国際法には難しいところがあるんで、細かいところをつついていくとアレなんですけど、今の我々の目的からすれば、戦争にも一定のルール的なものがあるというので十分。

　さて、こうして、戦争はゲームが成り立つための二つの条件を両方とも満たしていることが分かりました。つまり？　そう、戦争はゲームなのです！

パートⅡ

改めてゲームとはどんなものか？

パートⅡのまえおき

さて、パートⅠでは、「人生はゲームか」問題に答えるために、「ゲームとは何か」をまず考えました。問題は増えちゃったわけだけど、それは、ちゃんと答えを出すためには必要なことでした。実際、おかげで、「人生はゲームと言えるか」という問題にすっきり答えが出せた。

これで一つの成果は出たわけだけど、授業をやっていると、みなさんの反応は大きく二つに分かれます。一方には、「おお、こんなふうに答えを出すことができるのか！」と感心してくれる人がいます。そうなんです、よかったですね。ところが他方では、「なんか違う気がする、僕のイメージとは違う」と感じる人がいるのです。

そこでこのパートでは、そういう疑問というか、違和感というか、そういうのを取り上げて、もうちょっとゲームについて突っ込んで考えておこうと思います。

第五章　私には夢がある！――ゲームと目的

疑問が出てきたらＯＫ

大学の頃に、面白い先生がいました。授業の最後に、「今日はここまで。何か質問はありますか？」と聞くのです。でも、誰も質問しない。そうするとこの先生は、「はい、質問がないってことは、分かってないってことですね。残念です」と言ってしゅーっと帰って行くのです。

学生側としては、確かに口に出してはいないけど、「授業の内容は分かった。だから質問は特になし」という感じで黙っているわけです。だけど、今となってみれば、この先生の言うことも分かる気がします。時間が限られているから、授業しているとどうしても説明不足なところができちゃう。だから当然、質問があるはず。なのに質問が出ないってことは、十分に理解していなくて、質問すべき箇所も捉えられていないからじゃないか、と思えるわけです。

実際に授業をやっていても、みなさん遠慮深いのか、手を挙げてくれる人は少ない。そこで私は、カードを配って質問や意見を書いてもらっています。そうするとカードには、質問、疑問がいっぱい。ほら、やっぱりあるんじゃん。

疑問は役立つ

というわけで、ここでは、「人生はゲームか」問題でよく出てきた質問を取り上げておこうと思います。

こうして質問にお答えすることによって、何と言うか、みなさんが抱いている疑いとか、何かモヤモヤするとか、そういう点を取り除けるからです。さっきも言ったように、時間が足りないとか、全部説明しているとまどろっこしくなる割に退屈になっちゃうから、「あとはみなさんに任せます」なんていうこともあるからです。だから、そういう足りなかったところを補う、補足する。そのためには、疑問や質問がすごく大事なのです。

「僕には目的があります！」説

そうですねぇ、必ずと言ってよいくらい出てくるのが、「僕には目的があります」という意見です。

我々は、ゲームでは「プレイヤーの目指すべき終わりが定められている」と考えました。で、人生ではこれが定められていない、と。ところが、「人生では目指すべき目的＝終わりが定まっていない」というのを、口頭だとついつい、「人生には目的はない」みたいな言い方をしちゃったこともあるらしくて、そこにひっかかった人が、「先生は「人生に目的はない」とか言ってましたが、僕には人生の目的があります」と書いてくるわけです。

中には「僕には人生の目的があります。大学を卒業したらいい会社に入って、三二歳でカワイイ女の子と結婚して子どもは三人、小さくてもいいから家を買って……」というように、ものすごく具体的に書いてくれる人もいました。ふむ。ちょっと考えてみましょう。

補足する

だけどね、これはもう単純と言えば単純な話です。身も蓋もない返し方をしていいんだったら、「それはお前の人生の目的だろう！」と言えます。つまり、この人の言っている「目的」は、あくまで彼個人の目的であってみんなに共通の目的ではない。彼自身はもう人生の目的を決めているとしても、みんな（人生のプレイヤーである我々全員）に対して、「これこれを目指せ」というようにはじめから（生まれたときから？）決められているわけではないでしょう?

そうなのです、ゲームの場合、そういう目的やゴールは自分で設定するわけではなくて、参加者全員に対してははじめから決められています。つまり、ゲームの条件［1］で言っていた「目的＝終わり」が単なる個人的なものではゲームにならない、ってことです。

だから、「僕には人生の目的があります」という意見があったからといって、我々が出した答えを撤回する必要はない。ただ、厳密に言うなら、補足しておいた方がいいかな、というところです。

以前の定義は、「ゲームとは、［1］プレイヤーが目指すべき終わりが定められていて……」というものでした。だけど、これを正確なものにするために補足する。そうすると、「ゲームとは、［1］プレイヤーが共通に目指すべき終わりが定められていて……」。

こう補足しても、もちろん「人生はゲームか」の答えは変わりません。やっぱり、人生はゲームではない。だって、人生の場合、自分なりの目的をもっている人はいても、全員に対して設定されている共通の目的というようなものがあるわけではないからです。

そうですねえ、こう考えてくると、「僕には目的があります!」っていうのは、むしろ「僕には夢がある」とでも言った方がいいかもしれません。

第六章　料理はゲームか？——目的とルールの連動

意外な難問

前の章では、作った概念・定義に少し補足しました。でも、さっきはそれで済んだけど、「単に説明が足りなかったから補足しときますね」というのじゃ終わらないような疑問が出ることもあるのです。そうなれば、これまで考えたことを考え直して、場合によっては結論を修正する、なんていうこともあるかもしれない。この章では、そうした点を一つ取り上げてみましょう。

練習問題1で、「人生はゲームか」の「人生」のところに、他のものをいろいろと入れるってのをやりました。「受験はゲームか」とか「戦争はゲームか」とか。で、授業でこの練習をしているとき、「料理はゲームか」というのを考えてくれた人がいたのです。これも簡単に答えられそうに見えます。最初はそう見えたんです。だけど、ちょっと考えていくと、実はそうではないことが分かってきました。実はこれ、なかなかの難問だったのです。

料理はゲームか

実際に判定してみましょう。もうやり方は分かってますね。そう、ゲームの条件を「料理」に当てはめてみればいい。

まず一つ目の条件、目的＝終わりが設定されているかどうか。

料理は、そうですねえ、目的はあると言えばあります。だけど、はっきりしない。料理人なら「客の満足するようなおいしいものを作る」というのが目的になるだろうけど、家庭料理の場合だったら？　もちろん家庭料理でも、「おいしければいいけどなあ」というのはあるけど、「必ずここを目指せ！」とか、そういうのが明確にあるわけではない。「こうなったら目的が達成できて、終わりになる」というのが明確ではないのです。

ただ、料理はまったく無目的な活動ではないですよね。もちろんそれは、「食べられる物を作る」っていう最低限の目的はある。ただ、どこまで行けばいいのか、いわば「終わり」がはっきりしていない。

では二つ目の条件。ルールとかマニュアルみたいなものがあるかどうか。

そう、料理の場合も「作り方」はあります。基本のレシピみたいなもの。ただ、あるにはあるけれども、例えばネット上で「お浸しの作り方」なんてのをググってみたら、もうね、作り方は千差万別。葉っぱの茹で方から味付けの仕方から、実にさまざまです。材料も違う。ほうれん草を使うのが一般的かもしれないけど、小松菜の人がいたり白菜とかキャベツで作る人がいたり。だから、ルールなんかないも同じです。料理はものすごく自由なものなのです。

「料理には毒を入れてはいけない」ルール？

だけど、受講生の中には面白い人がいるもので、しばらくうつむいて考えていたと思ったら、いきなり手を挙げて、「「料理を作る時に毒を入れたらいけない」というのは、ルールになるんじゃないですか？」と言うのです。ふーむ、なるほどねぇ。

だけど、なんかちょっと筋が違う気がするんですよ。だってね、「料理に毒を入れてはならない」はその通りだけど、それはなぜなのかと言うと、（まぁ、当たり前なんだけど）毒を入れたら食べた人が死ぬからでしょう？　だとするとこれは、「人を殺してはいけない」と言っているのと同じです。だったら、これは料理以前の話。つまりこれは、「料理のルール」なんていうもんじゃなくて、人生一般のルールなのです。

こうして考えると、答えははっきりしています。そう、料理の場合、条件［1］も［2］もはっきりとは定まってなさそう。だから、結論としては「料理はゲームではない」ということになります。

ゲームのためのルール

ところが、難しくなったのはここからです。さっきの学生さんに、「「料理に毒を入れてはいけない」っていうのは人生のルールであって、料理のルールじゃないよね？」と言ったら、またちょっと考えて、「でも、料理なら料理のルールかそうじゃないかをどうやって判定するんですか？」と言うのです。

ふーむ、なるほど。これは難問です。私は「だって毒入れるなんて犯罪だし」と思って、「だから、それが料理のルールじゃないことは当たり前」と思ってて、あまりちゃんと考えていなかったのです。ははは っ。だけど、彼の言うことはもっともです。ルールと言ったって、「こっちのはこのゲームのルール、そっちのは人生のルール」というように、きちんと分けるにはどうしたらいいか。そんな基準なんかある？

料理をゲームにする

こういう難問が出てくるとワクワクしちゃうのが哲学者の悪い癖(?)です。

さっき考えたみたいに、料理はゲームではない。だけど、ここで私は、料理をゲームのようにしているテレビ番組があったのを思い出したのです。二人の料理人が、その場で指定された材料を使って料理するという企画です。うん、ゲームっぽい。そう、料理はそのままではゲームじゃないけど、ゲームにすることができるらしいのです。

この場合、「相手よりおいしい料理を作る」のが目的です。そして、「スタジオにあるキッチンで、指定された食材で料理を作らなければならない」がルール。

ふむふむ。なんか分かってきた気がするけど、うーん、もう一押し。

もうちょっと身近に考えてみましょう。例えば、家庭料理は本当に自由です(私は毎日料理しますが、モットーは「家庭料理に失敗はない」です)。だから全然ゲームじゃない。でも、「家にある限られた食材だけで料理を作る」と決めたらどうでしょう? おっ、何だか、急にゲームっぽくなった感じです。

このルールでやっているとき、「トマト缶があるな。これで何か作ろう。おや、オリーブがある。これでトマトソースにしようか。……あれっ、ニンニクがない! ああ、ここにニンニクがあればなあ」と思ったとします。そこで、「ちょっとアイディア出すために少し散歩して外の空気を吸ってくるわ」とか嘘を言って、近所のスーパーに行ってひそかにニンニクを買ってきた。

バレなきゃいいけど、それがバレたらルール違反で、ゲームのプレイヤー失格です。「ズルい」ってことになっちゃう。ねっ、やっぱり何だかゲームっぽい。

でも、さっきの「料理に毒を入れてはならない」ルールではゲームにならないのに、こっちのルールだとゲームっぽくなる。なぜなんでしょう?

難しくするためのルール

「家にある食材だけで料理を作る」というルールにしたのにひそかにニンニクを買いに行ったりしたら、これはチートです。

「なんでそんなズルいことをしたの?」と言われるかもしれない。

「だってさ、ニンニクがあったら便利だなと思ったんだよ。逆に、ニンニクがないなんて不便じゃん。難しすぎるよ!」と言いたくなります。

そうなんですよ。「家にある限られた食材だけで料理を作る」というこのルールは、当然ながら材料を制限することによって、目的の達成を難しくしているわけです。だからこそ、これはゲームになる。

我々が家事として料理を作る場合、食材を自由に使ってもよいし、欲しいものがあれば買ってきてよい。もちろん、それにはお金は必要だけど、基本的には何をどんなふうに作るのも自由です。だからゲームにならない。だけど、「家にある材料だけ」というルールを作って、その自由を制限する、それによって目的の実現を難しくすると、それでぐっとゲーム度が上がるわけです。

ということは？　そう、つまり、ゲームのルールというのは、ゲームの目的達成を難しくするためのものだ、ということなのです。

目的とルールの連動

この「家に今ある食材だけを使う」という制限は、「食べられる（できればおいしい）料理を作る」という目的と連動しています。そう、これがゲームのルールにとって必要だったのです。我々はゲームを、目的とルールという二つの条件があるものだと考えました。だけど、実は、それだけでは微妙に足りなかったのです。……っていうか、もう思い切って認めてしまいましょう。そうなんです、前に作った概念・定義では不十分だったのです。

ゲーム以外の日常的な作業の場合なら、我々は、「目的をいかにスムーズに達成できるか」を考えるでしょう。そのためにいろんな技術とか道具とかを発達させてきたわけで。

例えば、私はジャガイモの皮を包丁で剝(む)くのがちょっと苦手。できなくないけど、仕上がりはきたなくなっちゃうし、手間もかかる。でも、そこに皮むき器(ピーラー)があれば便利です。そういうものはどんどん使いたい。道具だけじゃなくて材料も、自由に使えれば便利だしスムーズだし。

だけど、それではゲームにならない。目的は同じく「料理を作る」ってことだとしても、「手間を省いて効率よく」と考えるのは、仕事、労働の場合です。英語だと労働はlabor、これは「イヤなこと、苦労」というような意味があります。だからそういうのはできるだけ取り除いて、効率的にやりたい。簡単に言えば、楽したいわけです。ところが、ゲームの場合は非常に奇妙なことに、それとまったく逆で、ルールを作ることで、わざわざ目的達成を難しくしているのです。ふむふむ。

難問に答えを出す

そう、これで、さっきの難問、「料理なら料理のルールかそうじゃないかをどうやって判定するか」の答えが見つかりました。ゲームのルールというのは、目的の実現を難しくするためのものだった。だから、ゲームの目的とそのルールは、バラバラのものじゃなくて、実は一連のもの、連動するもの。はい、これが基準です。

さっきの例で言えば、「料理に毒を入れてはならない」というルールと、「料理を作る」という目的とは連動していません。「料理に毒を入れてはならない」というルールは、「料理を作る」という目的の実現を難しくするものじゃありません。というか、「料理に毒を入れること」、つまり「毒で人を殺すこと」と、「料理を作ること」とは、実質的には何の関係もないと言ってよいくらいです。

「人を殺してはいけない」とか「嘘をついてはいけない」といったルールは料理のルールではない。それらは人生の通常のルール、いわゆる法律とか道徳。それはもちろん我々が生きるのに大事なルールではあるけど、「料理を作る」という目的と直接は関係しないでしょう？　だからそれらは、ゲームのルールじゃないということになるのです。

新しい問題の登場

うん、また一つゲームについて理解が進みました。また、それによって、現実の人生や日常の生活とゲームとの違いもよりはっきりと摑むことができるようになったわけです。だって、日常の生活の中では、目的達成を効率的にすることを考えるのに、ゲームの中ではそれとはまったく違って、目的の達成を邪魔するようなルールをわざわざ作っているわけだから。

でも、ここで新しい疑問が生まれます。そう、なぜそんなめんどくさいルールを設定するのか？　うん、難問っぽい。嬉しくなっちゃう！　この問題は後でも考えますし、ゲームについて考えるときの大事なポイント。だけど、それは後の話。今はこんな風に、疑問↓解決↓疑問↓解決という繰り返しで考えは進んでいくことを確認しておくことにしましょう。ちゃんとした解答を得ようと思ったら、焦ってはいけません。むしろ、一歩でも半歩でも進んだことを喜びたい。私はそう思います。

第七章　戦争はゲームか？——ゲームと楽しさ

一番反論の多かった授業

授業をしていると、みなさんから思いがけず反発を受ける場合もあります。「戦争はゲームか」という話題を取り上げたときがそうでした。

いやね、私としては、自分たちで作ったゲームの概念を応用するために、「例えば」っていうわけで「戦争」に当てはめて、ごく普通に答えを出したつもりだったのです。そうしたら、練習問題1のところで書いた通り、「戦争はゲームだ」という結論になった。ところが、コメントカードには、「先生がそんなにひどいことを言うとは思いませんでした」とか書いてあるわけです。そりゃあもう、面白いくらいみなさんからブーイング。

だけどね、実はこんなふうに反応して貰えると、私としては嬉しくて仕方ないのです。

「戦争はゲームと違って楽しくない」論

「戦争はゲームである」なんて言われると、何だか直観的に「違うっ！」って思っちゃう。

直観だから、まだ理由は分からない。じっくり考えていくと直観が間違っている場合もあるんで、直観だけで決着をつけるわけにはいきません。だけど、さらに考えるきっかけにはなる。だから私は、こういう直観はすっごく大事だと思います。

「戦争はゲームである」。一応理屈ではそうなったけど、何か納得できない。だったら、その「何か」のところを改めて考えてみるわけです。さて、「戦争はゲームである」の、どこが納得できないでしょうか？　そう言うと、かなりの人が書いてくるのが、「ゲームは楽しいけど、戦争は楽しくない。だから、戦争はゲームじゃない」という意見です。

なるほど、これはよく分かるように思える。だけど、そうなると我々の今までの結論を大幅に変えないといけません。というのは、この意見は、「ゲームが成り立つ条件は二つだけじゃない」と言ってることになるからです。実際、「そもそもゲームなんだから、楽しくなくちゃいけない」と書いてくる人もいます。ゲームが成り立つ条件には、例の二つだけじゃなくて、「条件［3］楽しい」というのが含まれているはずだ、と。ふむふむ。

「楽しさ」って何？

だけど、ちょっと気になります。ゲームの条件は、みんなが納得できる客観的なものじゃなければいけません。「みんなは知らんが、オレはこれがないとゲームと認めないゾ」というようなのでは困るのです。「ゲームは楽しいもの」というのは、その点、ちょっと困るヤツなのです。というのは、「楽しい」って、かなり個人差があるでしょう？　つまり、個人的というか、主観的というか。そういうものを入れると、どうしても曖昧になっちゃう。

そうですねぇ、例えば、私はゲームの中でも、ソリティアとかは割合好きなのですが、テトリスは苦手です。もちろんやったことはあるけど、どうも楽しくない。だからといって私が、「ソリティアは楽しいからゲームだけど、テトリスは楽しくないからゲームじゃない」と言ったら、そりゃみんな認めてくれないでしょう？

僕たちの好きな戦争

それにね、また怒り出す人がいるかもしれませんけど、「戦争は楽しい」と思っている人も、実はいるんじゃないかと思うんですよ。もちろん、口に出しては言わないけど。みなさんの中にも、いわゆる「戦争ゲーム」をやる人だっているでしょう？　楽しくないですか？いや、隠さなくてもいいです。

「それはゲームだから楽しいんで、実際の戦争は楽しくない」と言う人がいるかもしれません。でも、それこそ「ひどいこと」を言うかもしれませんが、人が死ぬ現実の戦争だって、「楽しい」と思う人はきっといるだろうと思うのです。

「そんなヤツはいないだろ！」と思った人は、戦争ゲームがなぜ楽しいかを考えてみればいいと思います。特に戦略型の、いわゆるシミュレーションゲームの戦争なんかは、自分で作戦を立てて、兵士たちを駒として利用して戦うのが楽しいからじゃないですか？　そう、もしそうだとすると、これは戦争ゲームであれ、現実の戦争であれ、同じなのです。私はもちろん実際の戦争を指揮したりしたことはないけど、戦争ゲームとか、あるいは戦争映画、ドラマなんかを見ていると、将軍や参謀といった戦争指導者として、作戦通りに兵士を動かして勝てれば、そりゃ楽しいだろうなって思いますもん。

だから、「戦争は楽しくない」とは、いちがいには言えない。そう、「楽しい」は人によってかなり違っているからです。だからゲームの条件にはしにくい。「楽しい」を基準にして、ゲームかゲームでないかを分けることはできないからです。

しかし、「楽しさ」はやはり大事らしい

ゲームであれ実際のであれ、戦争を楽しんでしまう人は現実にいます。だけど、大部分の

人は戦争は楽しくないと思うでしょう。私もそれはそうだろうと思います。

それに、これは「戦争はゲームか」問題だけのことじゃないのです。前にやったので言えば「受験はゲームか」についても同じことが言えるんじゃないかと思えます。だってね、我々が前に出した結論では、受験は目的もルールもあるんだからゲームだ、ってことになったわけだけど、でも、「えっ、受験がゲームなわけないじゃん！」と思った人もいたと思うんですよね、今さらながらだけど。で、「なんで？」って聞くと、たぶん「えーっと、楽しくないから」ということなんじゃないかと思うんです。

ただ、ここで感じられる「楽しい・楽しくない」がぼんやりしていて、掴み所がないわけです。だけど、戦争の場合も受験の場合も、たぶん他の場合でも、同じような不満というか、疑問というか、そういうのが出てくる可能性があります。

だったら、これはやっぱりもう少し考えておかなくちゃいけない。

戦争はなぜ嫌われるか

突っ込んで考えてみましょう。「何だか話がややこしくなりそう」と思う人もいるかもしれないけど、考えて行けば、何か新しい発見があるかもしれない。っていうか、今回は実際に新しい発見があるのです。ただ、新しい発見なんて言っても特に難しいことでもないし、まったく新しい点でもないのです。実はもう、すでにヒントは出ています。

さっきは、「戦争で、指揮して相手に勝つっていうのは楽しいよね」と言いました。改めて考えてみると、これは、戦争というものを、そういう観点から見ているってことです。そうなのです。そうすると逆に、戦争が楽しくないと思うのは、それとは別な視点から見ているからじゃないかと考えられます。そう、我々の大部分が庶民で、戦争を起こす政治家とか、作戦指揮するエラい軍人とかじゃないので、実際の戦争になったら、下級の兵士になって戦わされる羽目になるからだろうということです。そうなれば、政治家やエラい軍人たちと違って、前線に送られて自分が死んでしまうかもしれないし、そりゃあそんなの楽しいなんて言ってられないわけです。

なるほど！

ゲームの第三の条件

いやね、もちろん厳密に考えると（悲しいことだけど）、人間の中には、「兵士として自分が戦うのが好き」とか「人を殺したい」っていう人もないとは言えません。ドラマとか漫画とかの中には、そういう異常性格者もよく出てきます。彼らからすれば、「戦争は楽しい」ってことになるでしょう？　だから、やはり「楽しいか、楽しくないか」では「ゲームかそうでないか」の基準になりません。「楽しくないからゲームではない」とは言えない。だけど、それとは違う基準がどうも見つかりそうです。

「もう分かったぞ」っていう人もいるかもしれません。そう、繰り返すとね、ゲームであれ現実のであれ、「戦争は楽しい」って人も、そうでない人もいる。だから「楽しい」だけではダメ。だけど、「楽しい」のはなぜで、「楽しくない」のはなぜか、そこに注目してみると、ちょっと面白いことが分かります。つまり、私のような庶民が「戦争は楽しくない」と思うのは、それが自分から進んで参加するものではないからです。庶民にとって戦争は、自分が引き起こしたものでもなければ指導するものでもないし、進んで戦うために兵士になりにくものでもなく、むしろ、「巻き込まれる」とか「やらされる」というものだからです。

これは「楽しい・楽しくない」と似ていますが、ちょっと、いや、だいぶ違います。「楽しい・楽しくない」は感情というか、気持ちというか、そういう個々人が感じる主観的なもの。だけど、「進んで参加するか、巻き込まれてやらされるか」は、もっと客観的に捉えられるからです。

そうなれば、これはもうゲームの条件［1］や条件［2］とは別の、条件［3］だと言ってもいい。つまり、ゲームがゲームとして成り立つには、「プレイヤーが自発的に参加する」という条件［3］が必要だったのです。

ボランティアと仕事

「ゲームとは、プレイヤーが自発的に参加するものである」。うん、悪くないでしょう。ただ、もう少しはっきりさせておいた方がいいかもしれません。「自発的に」というのは、「自ら進んで」ということです。当たり前ですけど。もう少し言うと、「巻き込まれるとか、強制とかではない」ということです。まぁ、当然ですけど。

うーん。悪くはない。悪くはないんだけど……。実際、ゲームなんて、無理矢理やらされても全然面白くないわけです。だけど、ちょっと足りない。そうなんです、我々が考えるきっかけになった「ゲームって楽しいものじゃない？」という疑問、それが、これだけではまだ活かせていないのです。

単に「自発的に」っていうんじゃ、例えばボランティアとかもそう（っていうか、「ボランティア」の意味は、まさしく「自発的な行い」という意味です）。だけど、「そういうのじゃなくて、ゲームって楽しむためにやるものだろう?」と思えるわけです。ただ、「楽しい」っていうのでは、あまりに主観的に見えたので、ちょっと工夫しているわけで。

例えば、ボランティアは、(もちろん、それを楽しむっていう人もいるとは思うけど)、基本的に他の人の役に立つ、という種類のものです。別にその仕事(例えば土砂に埋まった家をきれいにするとか)自体をやりたくなくても、人の役に立つことだったらした方がいいし、やりたい。これがボランティア。だけど、「特にやりたいことじゃないけどやる」には、もう一種類あります。つまり、「やるんだったら報酬を貰う」です。そう、こっちが仕事です。

他に理由がない!

なぜそれをするのか。ボランティアの場合だったら「それが他の人の役に立つから」、それに対して仕事の場合、「それが自分の得になるから」。

うん、ちょっと分かってきました。ゲームは、このどっちでもないのです。「それが他の人の役に立つから」っていう理由でゲームをやる人って、まず考えられないでしょう?「何か得になるからゲームをやる」っていうのももちろん違う。「報酬を貰える」のは嬉しいかもしれないけど、そのためにはやりたくもないことをやらなければならないというのは、ゲームではなくてやはり仕事でしょう。

つまり？　そう、ゲームというのは、「人の役に立つから」という理由も「自分の得になるから」という理由もなしに、ただ単純に、参加したいというほかには何の理由もなしに、自ら進んで参加するものなのです。

改めて、「戦争はゲームか」

そうなれば、これを新たに条件［3］としてよさそうです。実際これで、ゲームかゲームでないかの判別ができます。

もちろん、「戦争はゲームか」についても、改めて正確に答えが出せます。以前（練習問題1）は、条件［1］の目的＝終わりも条件［2］のルールもあるから、「戦争はゲームである」という結論を出しました。だけど、新しく付け加わった条件［3］を考慮すると、ちょっと答えが違ってきます。つまり、「もしその戦争に、強制されてとか自分の得になるからといった理由ではなくて、ただ単に参加するためだけに自発的に参加したものなら、その戦争はゲームである」ということになるし、「もしその戦争に巻き込まれただけなら、その戦争はゲームではない」ということになるからです。

プレイヤーの態度

念のために言っておきます。「これじゃ、答えが二つになってしまうんじゃない?」と心配する人とか、極端に走って「結局、どっちも答えになるんだから、答えがないってこと?」と思う人がいるかもしれません。だけどそれは勘違い。

というのは、「どうなったら戦争がゲームになると言えるか」、その条件が定まっているからです。ってことは、答えはもう出ているのと同じ。だって、「こういう場合にはゲームになる、そう言うのが正しい」、「こういう場合にそれをゲームだと言うと間違いだ」という判定ができるわけだから。

ただ、この章で新しく出てきた条件［3］は、今までに出てきていた条件［1］や［2］とは、ちょっと性格が違うのは確かです。条件［1］や［2］は、プレイヤーに対して「目的＝終わり」や「ルール、決まり」が定められているかどうかというものでした。それに対して、この条件［3］は、プレイヤーがゲームに対してどのような態度で臨むか、というものだからです。だから［3］は、そのゲームそのものに備わっているというより、それに参加するプレイヤーに備わるものだと言った方がいいかもしれません。

ゲームとプレイ

うん、たぶんそう。だから、「ゲームとは何か」というときには、この条件［3］まで考慮しなくてもいい気がするけど、我々の実感としては不可欠でしょうね。「やらされてる」ってなると、どうしても気乗りしないし、楽しくない。逆に、ゲームとして楽しめているのなら、それは自分から進んでやっていることになる。もちろん、やるようになったきっかけは人に誘われたことだとか、あるいは、最初は無理に参加させられたものでも、やっているうちに、それに真剣に取り組もうと思うようになったら、それでもう「自発的に参加している」と言ってよいだろうと思います。

だから、こう言えばいいでしょうか。条件［3］は、それがゲームかゲームでないかを決めているというより、そのゲームをプレイしているのかどうかを決めている、と。

うん、一歩ずつだけど、またちょっと分かったことがありました。オッケー、グーです。

第八章　人生は遊びではない？——遊びと仕事と

「人生は遊びではない」論

「人生はゲームか」問題を取りあげると、「人生はゲームではない」という意見の方が多くなることは前に書きました。でも、その理由を問うてみると、それが実はさまざまなのでした。だけど、中でも最も有力な（というか、かなり多くの人が抱く）理由の一つに、「人生は遊びではないから」というのがあります。

「人生は遊びではない。だから、人生はゲームではない」。なるほど。しかし、そんなの当たり前じゃんと思うでしょうけど、ここには、隠れた前提（第二章）があります。そう、「ゲームは遊びである」という前提。だから、この意見は正確には、「ゲームは遊びだけど、人生は遊びではない。だから、人生はゲームではない」と言っているわけです。

「ゲームは遊びである」

本当は前提になっているはずのものが隠れてしまうのは、それが（自分にとって）あまりにも当たり前に思えるから。「いやあ、言うまでもないけど、ゲームは遊びで、人生は遊びではないので……」が「人生は遊びではないので……」へと省略されちゃう。

「ゲームは遊び」っていうのは、確かに当たり前に思えます。一方の「人生は遊びではない」も当たり前っちゃあ当たり前に見えるけど……、どうかなあ、私はこれ、考えてみると案外難しいんじゃないかと思うのです。そして、「ゲームは遊び」っていうのも、もうちょっと突っ込んで考えてみることができるんじゃないかと。

もちろん遊びがどんなものかくらいは分かっているつもりだけど、でも、改めて聞かれると答えづらい。遊びってことは、真面目とか真剣とか、あるいはシリアスとか、そういうんじゃないってことですよね（まぁ、これも当たり前なんだけど）。じゃあ遊びはふざけるってことか。うん、これだけではどうもあまりうまく行きそうにない。真面目とか真剣とか、これらもいろいろ言い換えくらいはできるけど、でも、「結局のところそれって何なのか」を改めて説明するのはなかなか難しい。

だけど……。ちょっとやってみましょうか。

第四の条件？

「ゲームは遊びである」はごく当たり前に見える。けど、もし「ゲームは遊び」というのがものすごく大事なポイントだとすれば（そして、「ゲームは遊び」論者はそう考えてるんだと思いますが）、それはゲームの概念に入っていなければなりません。

思い出してみると、我々のゲームの概念は、［1］プレイヤーが目指すべき終わりと［2］できること・できないことが定められている、［3］プレイヤーが、ただ参加するためだけに自ら進んで参加する、という三つの条件からなっていました。だけど、もし「ゲームは遊び」説が正しいのであれば、条件［4］になります。だったら、これはこれで新しい発見だけど、はたしてそうなんでしょうか？

遊びと楽しさ

条件［3］がどこから出てきたかを思い出しましょう。それはそもそも「ゲームは楽しい」を明確にするために出てきたものでした。「他の理由によるのではなく、ただ参加するためだけに参加する」。人のためになるとか、自分の得になるとかではなく、単にそうしたいからする。そう、だから「楽しい」ことにもなるのでした。

ふむ、だったら、これが「遊び」と関係しているんじゃないでしょうか？

ゲームとは何か。そう問われたのに対して、「楽しいもの」と答えるのでも、一応はいい。普段の生活ではそれで十分かもしれないから。だけど、実はそれじゃあものすごく曖昧なので、ちゃんと考えるときには役立たない。だから、「何かの理由によるのではなく、ただ参加するためだけに自ら進んで参加する」と言い直したわけです。そして、あれっ？ ……改めて考えてみると、実はこれこそ、「遊び」ってことでしょう？

そうそう、そうでした。思い出してみると、この条件［3］を導くときに、「ボランティア」と「仕事」を対比に使いました。

ボランティアは、「自分ではやりたくないことでも、他の人のためになることだからやる」ってこと、一方、仕事は「自分ではやりたくないけど、何か自分の得になるからやる」ってことだった。どちらも「楽しい」かどうかは大事じゃない。結果として「楽しい」ことはあり得るけど、それが本質じゃない。だからもちろん「遊び」でもない。だけど、ゲームは「何かの理由によるのではなく、ただ参加するためだけに自ら進んで参加する」。だって、だから楽しいんだもん。そう、だからこそゲームは遊びなのです。

内と外

「遊びとは何か」を正確に定義しようとすると、なかなか手強い。だけど、こうして考えてくると、少なくとも一つのヒントは得られました。そう、「遊び」というのはつまり、「何か他の理由によるのではなく、ただ参加すること、やることが目的の活動」と言えばよさそうです。

そうすると、逆に、遊びではない、真面目な、シリアスな活動っていうのは、「することそのものが目的なのではない」活動だってことになります。

例えば、上司に言われて仕事したとします。「例の仕事はどうなった？」と聞かれて「はい、やりました、楽しかったです！」って元気よく答えたとしても上司の人は褒めてはくれないでしょうねえ。「いや、お前が楽しかったかどうかはどうでもいい。結果がどうなったかって聞いてるんだよ」と言うでしょう。「いや、やるだけやって、楽しかったっす。どうにもなりませんでしたけど、ははっ」とか答えたりしたら、「何をヘラヘラしてるんだこの給料泥棒がっ！」って叱られるでしょう？

つまり、「仕事」の場合は、結果が大事。で、その結果に対して報酬が与えられる。それに対して、「遊び」の場合、もちろん結果が示されることも、場合によっては報酬が与えられることもあるでしょうけど、それが目的かって言えば、必ずしもそうではない。

つまり、我々人間のすること、活動には、どうも大きく分けて二種類あるらしい。つまり、「することにによって何か目的が達成できる」というのと、「すること自体が目的」というのです。もちろん、前者が「遊び」だし、一方、後者が「仕事」。

二種の目的

仕事の目的は仕事することじゃありません。そうではなくて、それによって何かの目的を達成すること。だから、「仕事→目的達成」ということになります。あるいは、「仕事そのもの」と「仕事の目的」は別だと言ってもいいし、「仕事の目的は仕事の外にある」と言ってもいいです。

一方、「遊び」の方は、すること自体が目的です。だから、「遊びの目的は遊びそのものの内にある」と言うこともできる。おお、なるほど！

そのもの自体の中にあることを「内在」と呼びます。だとすると、「遊び」というのは、「目的内在型の活動」ということになります。逆に、「仕事」は、「目的外在型の活動」ということになる。でも「目的内在型の活動」って長いので、もう簡単に「遊び」と呼びましょう。「目的外在……」の方も「仕事」と呼べばいい。

いや、本当は「遊び」とか「仕事」についてもちゃんと概念にした方がいいに違いないけど、我々の考察の狙いは「ゲーム」と「人生」にあって、「遊び」と「仕事」はそのための補助線みたいなものなので、今はこういうちょっと雑な区別でも十分に役立ちます。

掃除はゲームである、再考

前に「掃除はゲームである」ってのをやりました（練習問題1）。掃除の場合、ゲームの条件［1］は当てはまるけど、［2］は当てはまらない、だから、掃除はゲームとは違う、という結論になった。だけど、この章で考えたことを当てはめてみると、どうでしょう？

掃除の目的は「綺麗にすること」でしょう？　だから我々は、掃除には目的があるから、条件［1］が当てはまると考えた。だけど、「掃除は綺麗にするためにするものだ」と言えば、それだけでもう、遊びという意味でのゲームじゃないことは明らかです。だって掃除は、ゲームの遊び的な側面、つまり、「それ自体は意味のないことをあえてやる」というのとは違って、外在的な目的、あるいは実用的な目的があるからです。つまり、言うまでもないかもしれないけど、掃除は仕事。

「掃除すること」は、それ自体が目的じゃなくて、「綺麗にする」という目的を達成するための手段に過ぎません。それに対して、遊びとしてのゲームは、手段じゃなくてそれ自体が目的であるということになります。

「遊び」のはかなさ

さて、この章は「人生は遊びではないから、ゲームではない」を検討することから始めました。だけど、どうも、それよりももっと大事なポイントが見つかったようです。「遊び」とは、すること自体が目的で、他に目的のない活動です。だから、「なぜそれをするのか?」の理由は、他にはない。簡単に言えば、「単にそうしたいから、やっていると楽しいから」ということになります。

しかし、それが終わると、「結果として何かが得られた」というものがあるとは限らない。そういう意味で言えば、「遊びははかない」と感じる人も出てきます。

実際、ゲーム好きの人だって、ゲームをやりすぎると、後悔することもあるでしょう?「なんか時間を無駄にした」とか思っちゃって。

そうね、例えばゴルフを例に考えてみましょう。ゴルフっていうゲームの目的は何か?

そう、「遠くにある穴ぼこの中に、ボールを入れる」ことでしょう。だけど、それって意味あります？　それで何かになる？

しかも、前に見たように「ゲーム」には、この目的と連動して、目的の達成をわざわざ困難にするためのルールがあります。例えば、「遠くにある穴の中に、ボールを入れる」だけだったら、ボールを手にもって穴まで歩いて行って、ストンっと入れればいいわけです。そうすればとても効率的。だけど、それじゃあゲームにならない。その目的をわざわざ難しくして、「ボールを手で運んではいけない。何だか長い棒でボールをぶったたいて穴まで運べ」っていうルールを作る。それでゲームになります。

我々は、ゲームは［1］目的みたいなのがあって、［2］ルール的なものがあって、と考えました。さらに厳密に言うと、この［1］と［2］が連動してることが分かった。［2］のルールは一般的な決まりとか規則とかじゃなくて、［1］の達成を困難にするためのものだった。そして、この困難を乗り越えるから「おおー」ってことになる。そういう意味では、ゲームの本質は、こうした「わざわざ設定した困難を乗り越えること」にあると言った方がよいかもしれません。

そして、これも前の章で見た通り、そういう困難に自発的に取り組む（これが条件［3］）

んじゃないと面白くもなんともなかったわけです。人に言われてやるとか、それが役に立つからとか、そういうのじゃなくて、単に困難を乗り越えるのが面白いからやる。それに熱中する。だから遊びになるわけです。

だけど、ふっと冷静になって考えてみれば、これはすごく馬鹿馬鹿しいことを、しかもわざわざ難しくしてやっているわけです。気づいてみると、「なんだかなあ、これに何の意味があるんだろう」とか思っちゃうかもしれません。

そして、そうなると、反対に仕事の方に充実感をおぼえるかもしれません。それを洗練させる（単純化する）と、「人生とはやはり仕事だ、人間は仕事しなくちゃ」ということになるわけです。

「仕事」のむなしさ

一方の「仕事」は、さっきも上司とのやり取りで確認したように、単に「何かした（ふり）、仕事した（つもり）」というのではだめです。「それによって何かを達成する」という目的が活動以外のところにあるわけです。だから、やるだけじゃだめで、その目的が達成されて、結果として何か成果（さらに報酬）が得られてはじめて充実するわけでした。

さっきも出てきたように、この場合には、活動と目的が別、つまり外在的です。で、目的は何かの成果ないし結果であって、活動そのものはその結果を得るための手段になります……。だから？　そう、だから仕事は（もちろん、それを楽しんでやる人もいるけど）、何かの目的＝結果のためのものってなると、つまり単なる手段になっちゃうのです。手段は目的そのものではなく、目的に従属するものです。それは目的のためには必要ではあるけど、目の前の目的にとって必要なだけで、その目的がなくなっちゃうと、それをすること自体に意味があるかどうか分からない。だからしばしば、「仕事することそれ自体には意味はない、むなしい」と感じる人も出てきてしまう。そうすると、「仕事はツラい、苦役だ」ということになってしまいかねません。

そうなれば、「仕事なんかは脇道で、自分のやりたいことをやる、それこそが人生だ」と考えることになるでしょう。

二種のゲーム観

さて、ここまでを改めてまとめてみると、ゲームには大きく二つのポイントがありそうです。

パート1で見たように、ゲームには「目的とルール」という枠組みがありました。ここからすると、ゲーム・プレイは目的達成型の活動です。しかし、パートⅡで見てきたように、ルールは目的達成を邪魔するもので、その困難を乗り越えるから楽しい遊びになる。つまり、ゲームの本当の目的は、設定された目的を達成して結果を出すこと（つまり外在的目的の達成、結果の追求）ではなく、困難を乗り越える中で、自分の力を十分に発揮すること（内在的目的）そのものにあるらしい。これはもう、目的達成型の活動とは言えません。

ゲームには、目的達成型に見える面があって、この点で仕事に近づきます。そこではルールに従い、目的を達成することが大事に見える。だけど、ゲームが遊びだとすれば、それはもう目的達成型ではなく、純粋に力を発揮する喜びに焦点があたります。

困難と力の発揮

第六章で我々は、ゲームの目的とルールは連動していて、しかも、ルールは目的の達成を困難にするように設定されている、と考えました。それだけに、なぜそんな面倒くさいことをするのかってことが問題として残りました。だけど、この章でその謎が解けました。つまり、目的の達成が困難であればあるほど、力の発揮しがいがあるからです。

実際、自分の力を発揮することは、それだけで楽しい。それが何の役に立つとか、結果として利益が得られるとかじゃなくて、純粋に力を発揮すること。実際、ヒーロー物の少年マンガを見ていると、我々はそういう純粋さに強く憧れているんじゃないかと思えるところがあります。しかし、それを分かりやすく実感するためには、その力の発揮が抑えられ、制限されている方がいい。その困難にぶつかる手応えが、力を実感させてくれるからです。

練習問題2 「受験・掃除はゲームか?」再考

ゲームが成り立つための条件[3]

パートⅠの段階では、条件は二つだけでした。大雑把に言えば、[1]目的＝終わり、[2]ルールやマニュアルが定められていること。

ところが、パートⅡでは、第六章で「条件[1]と[2]とは連動している」ということが出てきました。それと、第七章では、三つ目の条件[3]「プレイヤーが自発的に参加すること」が加わった。

そうすると、例えばパートⅠの後でやった練習問題の答えも、ちょっと変わってくるでしょうか？
そこで、考えてみてください。

問一：受験はゲームか？

問二：掃除はゲームか？

「受験は……」問題に条件［3］を投入！

受験はゲームか。

パートⅠでは、「受験はゲーム」ってことになりました。だけど、ここに条件［3］を入れて考えると？

確かに受験は、目的もルールもあるけど、あまり楽しくないかもしれない。でも、人によるっていうか、これって参加する人の態度によるわけですよね。そう、つまり、ここで条件［3］が効いてくるわけです。

もし、受験であろうとなんであろうと、「よし、別に何かのためになるわけじゃないけど参加するぞ」という主体的な態度があれば、それはゲーム化できる。でも、「やりたくない」と思っていれば、そりゃゲームにもなにもならないだろう、ということになります。

こうして、条件［3］を入れると、「受験がゲームかそうでないか」は一つには定まらないように見えるけど、理解は確実に深まっていることになります。

「掃除は……」問題

はい、次は「掃除はゲームか」。

これも条件［3］を入れると？　うむ、「掃除嫌いな人にとってはゲームではない」けど、「掃除好きな人にとってはゲーム」ということになりそう？　はい、残念！　掃除の場合はそもそも［2］が当てはまらなかったですね。だから受験とは違って、やっぱり掃除はゲームではない。

それと、第八章では、掃除の場合、目的そのものが「掃除という活動」の外にあることが分かりました。その意味でも掃除はゲームではない。ふつうに考えれば、掃除は仕事でしょうねぇ。

ただし、もしすごく掃除好きの人がいたとしたら、その人にとっては「掃除という活動」そのものが目的になるでしょう？　で、もしそういう人が、単に「綺麗にする」って

——いうだけじゃなくて、何か困難なルールを設けたとすれば、それはゲームに近づきます。例えば、窓を綺麗にする掃除で、「洗剤を使わない」というようなルールを設けるとかね。

パートⅢ

さて、人生とはどんなものか？

パートⅢのまえおき

さて、けっこういろんなことが分かってきました。

パートⅠでは、「これがないとゲームではない」という、つまりゲームの必要条件を取り出したのでした。それに対して、パートⅡでは、「これがあれば本当にゲームらしくなる」という、いわばゲームの十分条件が取り出せたらしい。ほう！

せっかくここまで来たんで、今度はこれを出発点にして、もう一歩先まで考えてみましょう。今までは、主にゲームについて考えてきました。これだけでも面白かったけど、でも、どちらかと言えば、この本が目指すのは、ゲームを通して人生について考えるってこと。だから、ここからが本番だとも言えます。

ただ、「人生とは何か」なんて大問題だし答えにくいし。だから、すっかり分かるとまでは言えないかもしれないけど、よく分からない人生っていうものに少しでも光が当てられれば上出来ってもんでしょう。

それに、我々にはもう今まで得られた成果があるんで、それくらいなら十分に期待できます。

第九章　「やっぱり人生はゲームだ」論——人生の成分表

やっぱり人生はゲームなんじゃないか？

ホント嬉しいことに、授業では多くの人がいろんな角度から疑問をぶつけて来てくれます。ここでもそれを頼りにしましょう。

例えば、授業でよく出てくる質問に、こんなのがあります。「先生は「人生はゲームじゃない」と言ってましたけど、やっぱりゲームじゃないかと思います。だって、「人生ゲーム」なんてのがあるし、他にも「恋愛ゲーム」とか「裁判ゲーム」とか、人生で起こることがいろいろとゲームになっているわけだし」というのです。なるほどねえ。じゃあ、ちょっと考えてみましょうか。

人間のすることには二種類ある

さて、「人生はゲームか」が問題として成立したのは、考えてみると、「人生」も「ゲーム」も人間が主語になってする、こと、やることだったからです。で、この問題を解決するために、「ゲーム」の概念あるいは定義を作った。その結果、これは最初から狙っていたこととは違うけど、いわば副産物みたいな形で、こういうことが分かりました。つまり、我々のやることには、大きく分けて二種類あるんじゃないか、ということです。そう、つまり「ゲームだと言えるもの」と「ゲームとは言えないもの」の二種類です。「ゲーム的活動」と「非ゲーム的活動」とでも言えばいいでしょうか。

我々は「ゲームとは何か」を考えて、ゲームが成り立つための条件を見つけたわけですが、これは、いわばザルとか網の目みたいなものです。条件をクリアするものとしないものに分けられる。何を分けるのか。我々のすることです。

人間のやることなんて、山ほどあるわけです。だけど、こうして基準を設けておけば、それらは全て、この二種類のどっちかに分けられることになる。

ほほう!

人生とゲームの関係

はい、ここでさっきの質問に戻ります。「「恋愛ゲーム」とか「裁判ゲーム」とか、人生で起こることがいろいろとゲームになっているわけだし、「人生はゲームではない」というのはおかしいのではないか？」というヤツです。

なるほど、受験にせよ、何にせよ、ゲームにすることができるものがありました。そして、それらもまた人生の一部です（ゲーム的活動）。だから、「人生はまったくゲームの要素がない」と言うのは違う。だけど、掃除することも人生の一部だけど、これはふつうに考えるとゲームではなかった（非ゲーム的活動）。つまり、人生というのは、一部はゲームであり、一部はゲームではない。

そうすると、「ほら、やっぱり、「人生はゲームでない」は間違ってた」と言う人がいるかもしれません。だけど、もちろんそうではないのです。だって、一部がゲームだからと言って、全体がゲームだということにならないでしょう？　例えば、「本」といっても、その中にはマンガもあります。だけど、だからといって「本はマンガだ」ということにはならない。当然だけど。それといっしょで、「人生の中には、部分的にゲーム的なものがあるけど、やっぱり人生そのものをゲームだとは言えない」。ねっ？

だから、「人生はゲームではない」というのは、人生の中にはゲーム的なものがまったくないという意味ではなかったのです。第四章で出した「人生はゲームではない」という答えは、それ自体はやっぱり間違いではない。ただ、もう少し厳密に言えばもっとよかったのです。つまり、「人生そのものはゲームではない」とか、「人生は、全体として考えるとゲームではない」とか。

前に概念や答えを補足するとか修正するってのをやりました（第五章）。今やったのもそういうものですね。こういうふうに少しずつクリアにすることが大事。

人生を二分する

でもそれだけじゃなくて、この過程で、また少しだけ新しい発見がありました。「何が？」って言う人がいるかもしれないけど、パートⅡで考えたのがゲームだったのに対して、パートⅢからは人生の方をテーマにしているのでした。そしてこの章では、人生について少しだけ分かったことがあったでしょう？　さっき確認したように、人間のすることには、ゲーム的なものとそうでないものがあるってことです。だったら、これを、「人生」を主語にして言い直すと、「人生は、ゲーム的活動と非ゲーム的活動から出来ている」ということになるわけです。

人生の成分表

そうね、ここまで来たついでだから、もう一歩進んでみましょうか。

改めて言うと、「ゲームとはこれこれだ」というの、つまり、ゲームの概念を作ると言ってもいいし、ゲームを定義すると言ってもいいけど、概念や定義というのは、ものごとの輪郭をはっきりと定めるものです。だからこそそれを基準にして、ゲーム的なものとゲームでないものを分けることができたわけです。あるいは、概念（定義）というのは、さっきはザルか網の目のようなものだと言いましたけど、また別のたとえを使うと、ゲームとゲームでないものとの境界線を引くものだった、と言ってもいい。

そして、我々の作ったゲームの概念・定義は、その中身として必要条件が二つありました。ということは、実は境界線に当たるものは、この時点でもうすでに、二つ発見できていることになります。そして、境界線が二つあるということは、一つ目の境界線の内と外、二つ目の境界線の内と外に分けられるわけです。つまり、二×二で、合計四つに区別できているということになる。おっ、ちょっとすごい？

つまり、「目指すべきものが定められている」という条件［1］によって、目的＝終わりが定められているものと、定められていないものに区別できます。そして、「できること・できないことが定められている」という条件［2］によって、また別の区別ができます。だから、人間のすること、活動には、全部で四つの種類あることが分かる、と。

念のために一つ一つ書き出しておきましょう。

（A）ざっくり言えば、目的があってルールもある活動。
（B）ざっくり言って、目的はあるけどルールがない活動。
（C）同じく、目的は一定じゃないけど、ルールはある活動。
（D）目的もルールも決まってない活動。

せっかく四つに分けられたのだから、今度はその中身というか、具体例も考えておきましょう。

そうですねぇ、まずは（A）です。これはつまり「ゲーム」の定義そのものだったわけだから、いろんな種類のゲームがこの分類に入る。それと、練習問題1、2でやった受験も（条件［3］があれば）ここに入る。それに対して、掃除は（B）ですね。そして、人生そのものは（C）に入る、と。

ええっと、そうすると残りは（D）です。さて、どんなものがあるでしょうか。うーん、目的もルールもない活動。あれ？　なかなか思いつかない。例えば、仕事とか勉強は目的があってすることだけど、休憩なんかは仕事や勉強が休みなわけだから、目的はない……？　いや、それも「体や頭を休める」っていう目的があることになる？　いや、そもそも「休む」は活動だと言えるのでしょうか……。

そうなんですよね、こうして考えてみると、人間のやることの中で、(D)の、「目的もルールも決まっていない活動」っていうのは、なかなかみつからないことが分かります。うん、これでまた少し、人生について理解が進みました。今はまだこれがどう使えるか分かりませんけど、ひょっとすると後で役立つこともあるかもしれない。こうして積み重ねていくことが大事です。

第一〇章　「人生にも死という終わりがある」論――人生の不確かさ

「人生にも死という終わりがある」論

我々の考えでは、ゲームにはプレイヤーが目指すべき終わりが必要でした。でも、人生にはそれがない、だから、結論として「人生はゲームではない」と考えたわけでしたね。ところが、必ずと言ってよいくらいに出てくるのが、「人生にも、「死」というものがあって、これが「ゲームの終わり」に相当するんじゃないか？」という疑問、反論です。

ちょっと考えてみましょう。

終わりと目的

実を言うと、私にはこれは予想外でした。というのは、我々がゲームの条件［1］と考えたのは、単なる「終わり」ではなくて、「プレイヤーが目指すべきもの」だったからです。

ヨーロッパ語では「終わり」と「目的」を同じ言葉で表すことがあることは前にも書きました。英語を例にとりましたけど、英語に限りません。それに、目指す目的というのは、それが達成されたら終わりになるもののことだから、「終わり」であるのは確かです。

だけど、やっぱりそれは、単なる終わりではないのです。

確かに人生には「死」がある。それは人生の終わりだと言ってよい。でも、その終わりを目指して人間は生きている、って言えます？　確かに死は終わりかもしれないけど、目的じゃない。「このＲＰＧの目的はラスボスを倒すことだ」というのと同じ意味で、「人生の目的は死を迎えることだ」とは言えないんじゃないですかね？

自分に聞いてみる

ただね、けっこう多くの人がこう書いてくるのには、それなりの理由があるんじゃないかとも思えるのです。

さっき、「ゲームの終わりっていうのは、単なる終わりじゃないので、死とは違う」と言いました。だけど、それじゃあ「死は単なる終わり」かっていうと、それはそれでなんだか違う気がするんじゃないかと思うんですよね。

だったらどう言えばいいか。「死というのは単なる終わりではなくて、もっと重いものだ」とか？　いや、それも気持ちは何となく分かるけど、あくまで「何となく」です。もっとはっきりさせるにはどうしたらいいか。

こういうとき、科学だったら実験や観察して調べるわけです。分かりやすいやり方です。だけど、今我々が考えているのは、どうもそういったやり方で解決できる問題ではなさそうです。じゃあどうするか？　それは、自分が「死は単なる終わりじゃなくて、何かある」と思うんだったら、それを自分の心に聴いてみることです。

もちろんそれは喩え。前に出てきた言い方で言えば、「「自分の中でまだはっきりと自覚できていないけど、暗黙のうちに〈こうだ！〉って決めてしまっている、思い込んでしまっている」というような、隠れた前提を自分で掘り起こしてみる」と言ってもいいです。

どちらにしても、実験とか観察とか、あるいはフィールドワークのように、どっか外に出て行かないと答えが見つからない、っていうものではないということです。

対話、会話、討論

ただ、最初はなかなか難しいかもしれません。だけど、哲学は科学なんかよりずっと歴史が古いので、それなりの蓄積があります。だから、こういう場合にもやり方がないわけではないのです。しかも、専門的な方法なんかじゃなくて、非常に単純な方法。対話です。対話というのは、いわゆる会話っていうか、おしゃべりと似てますけど、いや……。だいぶ違います。会話の場合、別に何が話題でもいいし、そもそもおしゃべりすること自体が楽しければそれでいいわけですけど、対話っていうのは、お互いの考えをぶつけ合って、何が本当かを探していくものだからです。

もう一つ、対話と似ているけど違うのが、討論、ディベートです。ディベートというのは、何かの話題について、議論を戦わせて、どっちが勝ちかを決めることです。極端に言うと、嘘の主張でも勝てばよい。だから、ディベートは、一種のゲームだし、言葉を使ったスポーツみたいなものです。だけど、対話というのは、どっちが勝ったとか負けたとかがあるわけじゃないのです。

対話の場合だって、時にはディベート的になることもあって、「争い」に近くなることもあるけど、争って勝負することが目的じゃありません。むしろ対話は、いっしょに本当のことを探っていくという共同作業なのです。

対話の例

そういう対話を、私は授業でもよくやります。もちろん、教室だと、講師と学生という立場があるから、必ずしも対等なやり取りになりません。正直に言って、私の側が誘導することになってしまうことが多い。だけど、それじゃあダメです。討論と違って、どっちかの主張を通せばいいというのじゃなくて、本当のことを知りたいわけだから、そこは我慢して話を聞くことがめちゃめちゃ大事になります。その分、このやり方は時間も手間もかかります。でも、中には話に付き合ってくれる人もいます。

例えば、さっきの「人生にも死という終わりがある」という意見を書いてきた中村君（仮名）と対話したときには、こんな感じでした（私は授業では、性別に関わりなく「さん」で呼ぶことにしているのですが、ときにはつい「君」を使ってしまうこともあります。ここでも「君」を使うことにします）。全部がそのままというわけじゃないし、ホントはもっと長いんですけど、ちょっとはしょって、でもだいたいこんな感じ。

私　：中村君は「人生にも死という終わりがある。だから、ゲームと同じだ」と書いてきたけど、さっき言ったみたいに、同じ「終わり」に見えても、ゲームの場合にはそこを目指してプレイするよね。

中村君：うん。だから、死がゲームの終わりとは違うのは分かった。死ぬのを目指して生きてるわけじゃないし。だから、人生とゲームも違う。

私：そうね。だけど、「人生には死という終わりがある」っていうのはどう？　なんでそれをカードに書こうと思ったのかな？

中村君：うーん、そっちは正しいと思う。だって、やっぱり人生には終わりがあるでしょう？　そのままだけど。

私：そうね。だけど、それは「人生とゲームは同じかどうか」っていう話とは関係ないよね。

中村君：うーん、その時には関係あると思った。

私：じゃあ、今は関係ないことが分かった？

中村君：うん、分かった。分かったけど……。

私：分かったけど？

中村君：やっぱり僕らも死ぬじゃない？

私：うん、それで？

中村君：だから……。怖いんだよね。先生は怖くないの？

私：うん、痛いとか苦しいとかはイヤだけど、死ぬこと自体は、今は実はあんまり怖くない。だけど、以前には怖かった。……何で怖いんだろうね。
中村君：だってね、死んだらどうなるか分からないじゃない？
私　　：そうだね。「死んだら何もなくなる」とか言う人もいるけどね。
中村君：うーん、それって確実じゃないよね。もちろん、「死んでも心は残る」とも言えないけど。だって、誰も死んだことのある人なんかいないもん。
私　　：そうだねぇ。その通りね。変な言い方だけど、死について確実に言えるのは、「死んだ後はどうなるか、確実なことは分からない」ってことだね。

ワクワクする終わり、不安な終わり

中村君：だからね、人間も最後は死ぬんだから、ゲームと同じだと思ってそう書いたけど、違う。
私　　：どう違う？
中村君：だってね、ゲームの場合は終わりが怖くないもん。ワクワクする（笑）。
私　　：ゲームだと終わりにワクワクするけど、人生の場合にはそれが怖い。なんでかな？
中村君：うーん、やっぱり、分からないからだと思うな。

私　：ええっと、つまり、人生の場合は分からないから怖い、ゲームの場合は分かってるからワクワクする？

中村君：うん、だいたいそんな感じ。だけど、ゲームの場合だって、勝つか負けるかは分からないんだけど、でも、予想がつく。人生の場合には、予想がつかない気がする。

私　：なるほどなぁ。

生命保険の話

私　：いやね、この間、僕は生命保険に入ったっていうか、保険は前から入ってたんだけど、保険会社の人が来て相談して、ちょっと変えたんだよね。

中村君：どう変えたの？

私　：いや（笑）、細かいところはいいんだけど、保険に入ったり、新しくするときに迷うのはなんでかって言うと、簡単に言うと予想がつかないんだよ。

中村君：そりゃそうだよね。いつ病気になるかとか……。事故に遭うかもしれないし。

私　：そうなんだよね。でね、気づくと、テレビなんかでも、保険のCMってもうものすごく多いんだよ。

中村君：そうかもね。
私　：しかも、生命保険だけじゃなくて、僕は免許もってないけど、自動車保険とか、癌保険とかさ。
中村君：そうか！
私　：？　何か分かった？
中村君：うん、考えてみると、保険っていろんな種類のがある。ってことは、死ぬことだけじゃなくて、つまり人生って予想もつかないことがいろいろ起こるってことか?!
私　：うん、当たり前だけどね（笑）。
中村君：ホンそれ、当たり前だけど、その通りだよね。

ポイントはどこだったか

「そんなこと知ってた！」という人も多いかと思います。私もそう思うからね。だけど、（おさらいするまでもないけど）「人生って不確定なことが多い、予想もつかないことが起こることがある」っていうことが分かりました。
ゲームの場合だってそうで、最初から全部分かっていたら、あまり面白くない。だけど、少なくともゲームの場合は、「こうなったらこうする」というような決まりもあれば、「最後にはこうなる」っていうのも決まっていました。

我々は、ゲームの概念、定義を求めて、「プレイヤーが［1］目指すべき終わりと［2］できる・できないという二つが定められている」という条件を発見しました。そして、法律とか道徳のような、人間社会の決まりみたいなものがあるから、条件［2］は人生にもあるけど、条件［1］はないと考えました。

これだけだと、ゲームの二つの条件のうち、人生には一つはあるけど一つはない、っていうくらいに思えます。だけど、さっきの中村君との対話から、どうもそれほど単純ではない、ということが分かってきました。もちろん人によって程度差はあるだろうけど、感じだけ取り出すと、人生の場合、「あれも決まってない、これも定まってない、不確実なこと、予想のつかないことが起こる、ああどうしよう！」っていうところがある。あまりそういうのを感じないという冷静な人も、やっぱり保険に入っていたりする。自分では気づいていなくても、「先行きが分からない」という不安があるのかもしれない。

つまり、だから、ゲームを考えるときには「決まっている、定まっている」というのがポイントだったわけだけど、人生を考えるときには、「分からない、定まっていない」という方がミソであることが分かります。

当たり前のことを改めて知る

そして、不確実なことはいろいろあるけど、その最大のもの、いちばんの心配というか、気になるというか、それが人生の終わり、つまりは「死」だった。人生だっていつか終わる。人間はやっぱり死ぬ。そのことは決まっている。だから、ゲームと同じじゃないか？　中村君はそう思ったというのですが、実はそうではなかった。死ぬことは決まっているとしても、いつ死ぬかも分からないし、死んだらどうなるかも分からないし。

でも、別に逆説的な言い方をしたいわけじゃないけど、だからこそ中村君たちは、「人生には「死」という終わりがある」と書いてきたのじゃないかと思えるわけです。自分でそう書きながら、ところが、自分が何を感じているか、何がポイントだったかが分かっていなかった。ごく当たり前のことなのに、誰が隠しているわけでもないのに、「死って分からない不確実なものだ」っていう方が隠れて、「死ぬことは決まっている、終わりがある」の方が目に入った。だから、「人生には「死」という終わりがある。だから、ゲームと同じだと思う」と書いた。

こうしてみると、確かにさっき分かったことはごく当たり前のことではあるんだけど、でも、その当たり前のことが、実は、ちゃんと、はっきりとは分かっていなかったのだということが改めて分かります。

先に進むには

さあ、これだけではあまり前に進んだ感じがしないかもしれません。だけど、繰り返して言うと、「何となく分かっていた」というのは、実は「分かっている」ことには入りません。前にも書いたように、「何となく……」というのは、それだけでは、次に進むための足場を提供してくれないからです。それに比べれば、「はっきりと分かった」ことが一つでもあれば、それでまた一歩か半歩かを前に進めることができます。

我々の場合、この後どう進められるかはそれこそ不確定で、まだ分かりません。ここで分かったことが、この先にどう役に立つのか、それもあらかじめ分かっているわけではない。そう、まるで人生のように、先が見えない。だけど、それだけに、足下を少しずつ固めていくしかないのです。

第二章　「人生はリセットできない」論——人生出口なし

「ゲームはリセットできる」説

前にも出てきた「人生はゲームと違ってリセットできない」というヤツ。これは実は間違いでした。

授業でもそういうお話をするわけですが、その後でコメントを書いてもらうと、「先生はあれこれ言ってたけど、人生はリセットできないので、ゲームなんかとはいっしょになりません」と書いてくる人がまだいるのです。もうね、がっつり脱力するわけですよ。ははは。でも、つまり、それくらいに「ゲーム＝リセットできる」というイメージは強いらしいのです。なので、改めてこの説を取り上げておきましょう。

「人生はリセットできない」説

「ゲームはリセットできる」という説はなぜ正しくなかったか。それは、リセットできるゲームもあるにはあるけど（特にコンピュータゲーム）、リセットできないゲームもあるんで、

「ゲームはみんな、リセットできる」とは言えないからでした。

前にはこんなふうに、「ゲームとは？」という観点からアプローチしてみたわけです。で、それはもう解決済み。では、今回は何を考えるのかと言うと、「ゲームはリセットできる」説とセットになっていた「人生はリセットできない」説です。

ただ、今回も、ちょっと遠回りをします。

「僕は死なないかもしれない」論

前の章で分かったことは、はっきり言って「うすうす気づいてた」感が漂ってました。まあ、正しいけど、当たり前っていうか。そこで今回は、ちょっと変わったことを言ってみようかと思います。

ええっと、みなさんね、「人間は死ぬ、人生にも終わりがある」と書いてくるんだけど、それが本当だと思っているらしいけど、実はそうでもないのかもしれないのです（ふふふ）。

私はね、死なないかもしれません。いや、たぶんみなさんは死ぬと思います。だけど、私は「僕は死なないかもしれない」と思うのです。

死の経験

こんなふうに言うと、「さすが哲学の先生、わけの分からないことを言う」とか、「やっぱりな、ほらまたとんでもないこと言い出したぞ」とか（どっちにしろ、あまり褒められていないことは分かるのですが）、思う人がいるかもしれません。だけどマジな話、本当にそうかもしれないのです。

しかし、そう、大事なのは「理由」でした。それをはっきりさせましょう。「理由」と書いて「わけ」というふりがなを振ることもありますね。理由、もしくは根拠、これが分かることがつまり、「わけが分かる」ということなのです。

と言っても、特に難しい話ではありません。それに、私が一人で考えたものというのではなくて、これはもう、大昔から指摘されてきたことなのですが、我々は（幸か不幸か）死というものを「経験」することはできない、ということなのです。

何て言えばいいですかねえ、我々は「死」というものを知っているように思っていますけど、実はそうではないのです。だってね、みなさんの中で「自分は死を経験しました」っていう人はいないと思うんですよねぇ。

死ぬのは誰か？

こう言うと、「いや、そんなことはない」と言う人もいるかもしれません。「私は二年前におばあちゃんの死を経験しました」とか。そうそう、そうなんですよ。改めて言い直すと、我々も死を「経験」することがないわけではない。ただし、それは他の人の死なのです。

実は私は、もう一昨年になりますけど、母と父をあい次いで亡くしました。そうです、ご愁傷様だったのです。やっぱり一番身近だった母親と父親が死ぬと、いくら非人情な私でも、ちょっとは思うところがあります。

死ぬ瞬間に立ち会って改めて思うのは、身も蓋もないけど「あっけないな」という感じです。でも、なんだか、その「あっけない」という感じがあっけなくなくて。なかなか表現は難しいですけど。

向こうはもう死んでいます。あの世に行っているのかどうか、それは分かりませんが、ともかくこの世にはいない。一方、こっちはまだこの世にいて、親戚に知らせるとかお葬式とかあれこれすることがある。私は生きているのです。確かに、一番身近な人間のはずだけど、死までいっしょということにはならない。いくら近い人間だとは言え、その死を自分でも経験するということができないのです。

いつかは自分も死ぬかもしれない。だけど、自分の知っている「死」は、全て自分以外の人の死で、自分では死を経験していない。

三人称の死

自分で経験する場合、それを「当事者的」とか「一人称的」とか言うことがあります。そういう意味で言えば、死は当事者的＝一人称的に語ることはできません。我々が語ることができるのは、第三者的な死なのです。

死は、ふだん我々の目からは隠されていますし、そんなに日常的に出会うものじゃないけど、でも、それほど特別な、珍しいものではありません。普通に考えれば人間はみんないつかは死ぬわけで、これだけ大勢の人間がいるんだから、社会的に見れば、人間の死なんてしょっちゅう起こっている計算になります（日本では一日に三八〇〇人くらいの人が死んでいます）。科学的に見ても、心臓が止まって、目の反射がなくなって、呼吸が止まると、それが「死」だと判断されます。いわゆる「死の三徴候」です。

だけど、社会的な視点や科学的な視点は、いずれも三人称的な視点です。死を、いわば外側から見たものにすぎません。それを、内側から観察することはできないのです。

例えば、我々は人が食事をしている様子を観察することもできるし（三人称的）、自分が食事をすることで、それを内側から経験することもできます（一人称的）。走る、字を書く、排泄（はいせつ）する、そうしたものは外側から観察できるし、自分でも経験できる。しかし、死はそうではない。死は、現象としては珍しいものではないけど、他の出来事とはまったく異なった性質をもっているのです。

一人称の死

例えば、「死というのは、自分が無くなってしまうことだ」と言う人がけっこういます。そうかもしれません。少なくともその可能性はある。アメリカなんかは非常にキリスト教の影響が強いので、来世を信じている人も多いですが、日本では、かなりの人が「死んだら無だ」と思っているようです。だから、一応そう仮定して、そこを出発点にして考えてみましょう。

さて、もしそうだとすると、仮定によって、死というのは「自分が無くなる」ということなんだから、それを自分で経験することができるのかどうか怪しくなります。だって、この仮定の上で言えば、（何度言っても同じことだけど）自分がそれを経験するまさにその瞬間に、自分はもう無くなってしまうわけですよね。だったら、自分が無くなってしまうのに、その自分がどうしてそれを、つまり死を、経験することができるでしょうか?

人生の境界

さて、以上で「僕は死なないかもしれない」ということをざっと示せました。

繰り返すと、三人称的に見れば、「人間はみんな死ぬ」ということになるだろうけど、一人称的に見れば、「自分は死なないかもしれない」ということになる。いや、これだとどうしても誤解する人が出てきちゃうだろうから、もう少し普通の表現に言い直しましょうか。「我々は決して自分自身の死を経験することはできない」と。前の章で見たように、自分の死はいつ訪れるか分かりません。でも、単に死の時期が不確定であるばかりではなく、そもそも「一人称の死」というものは、ないのも同じなのです。

別な言い方をしてもいいです。死というのは、いわば人生の境界線のようなものです。この境界を越えると、それは「人生の外」になります。

だけどね、「いったい人生の外って何?」ってことなんです。

例えば、さっき仮定した通り「死んだら無」だとすれば、「人生の外は無」なのだから、その外なんていうものはないことになります。そうだとすれば、死は「境界」とは言えません。だって、その境界の外がないわけだから。

人生には外はない

「人生には外はない」。いや、これも仮説です。ひょっとしてひょっとすると、「実は死んでもあの世がありました！」っていうことなのかもしれない（まあ、あまりありそうにないけど）。でも、それも死んでみないと分かりません。

さあ、みなさんの中にも気づいている人がいるかもしれません。大事なことが分かってしまいました。「死んだら無」かもしれないし、「実は来世がある」ということかもしれない。でも、はっきり言って、それは死んでみないと分からない。だから、「死んだら無だ」と信じることも「実は来世がある」と信じることもできるけど、それはあくまで「根拠なしに信じる」だけなのです。だから、どちらかを前提として考えを組み立てることはできない、ということです。

「えっ？　どういうこと？」と思う人もいるかもしれませんが、「死んだら無」とか「死んだら来世」とか、いずれにしても確実じゃない以上は、死んだ後のことを考えてもあまり意味がないというか。「人生に外はない」というのは、実はそういう意味なのです。逆に言えば、我々にとっては「人生の外側なんか無い」んだから、「人生は内側しか無い」ということになります。いや、もう「内側」っていうのも要りません。だって、それと対になる「外側」がないんだから。

だとすると、「人生しか無い」のです。人生と人生以外を分ける境界もない。ということは、人生には、「ここまでが人生だよ」と言えるような限界、終わりはない、ということになります。そうなのです、これが、「僕は死なないかもしれない」説の本当の意味だったのです。

「人生はリセットできない」説、再び

さて、ここまで来ると、この章の頭に出てきた「人生はリセットできない」説に新しい角度からアプローチできます。

私は、「ゲームはリセットできるものである」というのは間違っていると思います。コンピュータゲームなんかだけをイメージして「ゲームはリセットできる」と思ってしまう人がいるのは分かるけど、厳密には正しくない。だけど、「人生はリセットできない」は、ある

意味では正しいと思います。「ある意味では」という限定をつけるのは、それよりももっと良い言い方があると思うからです。

そう、気づいている人がいたらエラい。つまり、「人生はリセットできない」というのは、もっとうまく言うとしたら、「人生には外はない」ということなのです。「終わった後」「リセットできる」というのは、「リセットし終わった後がある」ということです。「その外はない」と言うか、あるいは「その外」。逆に、「リセットできない」というのは、「その外はない」ということと同じなのです。

結局正しいのは?

だけど、ここで注意しましょう。我々が人生と比べているゲームの方は、「リセットできる」とは言えませんでした(また忘れている人がいるかもしれないけど)。だから、「リセットできるかできないか」で、人生とゲームを分けることはできないわけです。

そこで、浮上してくるのが、「その外があるかないか」です。ゲームには、リセットできるものもある一方、リセットできないものもありました。だけど、リセットできるゲームにせよできないゲームにせよ、いずれにしても「終わり=目的」はありました。で、ゲームが終わると、そこはゲームの外の世界。

ところが、人生の場合は？　そう、人生の場合には、人生の外の世界なんていうものはないのです（厳密に言えば、そんなものを前提にして考えるわけにはいかないのです）。

だから、「ゲームはリセットできるけど、人生はリセットできないのでゲームではない」は間違い。だけど、そう感じるのにはそれなりの理由があったことが分かった。だから、今ではそれをより正確に言うことができるようになりました。そう、「ゲームにはその外があるけど、人生には外がない。だから、人生とゲームは違う」。

人生に逃げ道はない？

「人生はリセットできない」説に比べると、「人生に外はない」説の方がはるかに正確だし、人生とゲームの区別をするための基準としてもちゃんと働く。

それに、ポジティブに考えれば、「人生にはその外がない」わけだから、これはもう「人生は無限に開かれている」と表現することもできるわけです。

だけど、はっと気づいてみると、これはなかなかキツいことでもあります。だってね、「人生に外はない」ということは、もう「ずっと人生」だということです。変な言い方だけど。あるいは「人生には逃げ道はない」ということです。

私は仏教系の大学でも講義しているのですが、その大学では毎月、仏教に関わる標語が墨で書いて掲示されます。で、ある時に張り出された紙には「人生出口なし」と書いてあってねぇ。うん、その通りだなと思ったけど、ちょっと可笑しい表現だなと思ってしまいました。でも、笑ってる場合じゃなかったのかもしれない。

コラム1　内部と外部の反転

「人生出口なし」、「人生には逃げ道はない」。その通りです。正しい。だけど、それだけじゃキツいというか、息苦しい。

こう考えると、たぶん我々がゲームをやるのは、「外」を作りたいからじゃないかっていう気がします。ゲームを作る。そうすると「ゲームの内部」と「ゲームの外部」が分けられるわけです。そして、「ゲームの外部」を現実の人生だと見て、「ゲームの内部」は人生じゃないと考えれば、「ゲームの内部」は、人生の方から見れば、実はそれ自体が「人生の外部」であることになります。

そう、こうして我々は、逃避のためにゲームをやるのではないでしょうか。よく言いませんかね、テスト前なんかにやらなくてもいいことがやりたくなるって。現実逃避というヤツです。私なんかも、あれこれ用事はあるのに、あるいは、あれこれとやらなければならない用事があるからこそ、それに飽きたりイヤになったりやりたくなかったりすると、ついついゲームをやっていることがあります。それは、一時的に、本当はあり得ない「人生の外部」に行こうとしているのかもしれません。

ここには、もっと考えなくちゃいけない点があるので、コラムにしておきますが、これはけっこう大事な点かもしれません。

第一二章　「そんなこと誰が決めた？」論——人生のお約束

今度は条件［2］の話

さて、「死ぬ」って話が二章続きましたけど、振り返ってみると、これはゲームの条件［1］に関わる話でした。でも、ゲームが成り立つ条件には二つあった。だから次には、条件［2］、つまり、ルール的なものの方を見ておかないといけません。

二種類の決まり

まず、条件［2］は詳しく言うと、「プレイヤーにできる・できないことが決まっている」ということでした。だけど、一口に「できる・できない」と言ったって、どうも二種類ありそうです。もう最初から「ぜっんぜん可能・不可能」っていうのもあるけど、もう一つ「してよい・してはいけない」というのもあるからです。

例えば、「ここではタバコは吸えませんよ」みたいなヤツを考えてみましょう。別にどこだって（空気がない宇宙空間とかだったら別だけど）タバコを吸おうと思えば吸えるわけで、

「吸えません」とか言ったって、これは「不可能」という意味ではない。「ここではタバコを吸ってはいけない」とか「ここではタバコを吸うことは禁止されている」という意味なわけです。

物理的な法則

例えば、コンピュータゲームなんかでは、プレイヤーにはできることが決まっています。身も蓋もない話が、プログラムされたことしかできません（というか、ゲームのプログラミングというのは、プレイヤーにできること・できないことを定めることなわけです）。これなんかはもう、「最初から可能・不可能」の方です。

　これの人生バージョンを考えてみると、それは人間の「物理的な限界」とでも言いたくなるようなものです。残念ながら、いくら反骨精神のある人でも物理法則には逆らえません。例えば、人間には「生身の体で空を飛ぶ」とかムリだし、「過去に行く」とかできないし、「急に巨人になる」とか不可能だし。

　ふむ、こう考えてみると、人間ってできないことだらけな気もしてきますけど、でも、これはもうはじめからもうできないと分かりきったことなので、あまり気にしても仕方ないっちゃあ仕方ない。

技術と力

ただし、気づいた人もいるかと思いますが、「空を飛ぶこと」は、そのままでは不可能ですけど、でも、工夫すれば、できる可能性はありますね。「生身で」は無理だけど、少なくとも現代では、飛行機やロケット、もっと素朴なもので言えばグライダーとか気球とか、そういうもので、昔はできなかったことを可能にしてきたわけです。

こうした、「できなかったことを可能にする」もの、これがいわゆる「技術」です。昔だったら、遠く離れている人と話したり顔を見たりすることなんか夢のまた夢。だけど、今はビデオ通話でそうしたことも可能になりました。すごいです。それも技術の力です。

昔の人から見たら、まるで魔法。実際、科学が発達する前には、技術のことを「魔術」と呼んでいたのです。だけど今では、技術が魔術なんかじゃないことをみんな知っています。それというのも、科学という背景があって、その上でこそ技術が成り立っているからです。つまり、今の技術は単なる「技」とか「術」なんかとは違って（つまり、あやしげな魔術や妖術みたいなのとかじゃなくて）、テクノロジー、つまり科学技術のことなのです。

そういう意味では、こういう「できる・できない」も、コンピュータゲームの「できる・できない」とは違って、変化を含んでいます。コンピュータゲームの「できる・できない」は、プログラムの段階で、もう最初から定められているわけですが、人間のできる範囲はどんどん広がっていると言うことができます。

だから、プレイヤー＝人間にとって何らかの制限があると言っても、ゲームの場合と人間の現実の生活とでは違いがある。我々は現実の世界では、自分たちに与えられた制約・制限を突破する方向へと進んできています。これは、ゲームで言うなら、いわば、プレイヤー自身がプログラムを書き換えるようなものかもしれません。

究極の制限？

でも、人間はどんな物理的制約も超えられるのかと言えば、これは、うーん、なかなか難しいです。「難しい」っていうのは、「超えられない限界がある」っていうことじゃなくて、そういう限界があるのかどうかを見極めるのが難しいってことです。

実際我々はもう、かつては「そんなの絶対に無理」と思っていたようなことをたくさん実現してきています。例えば、室町時代の人に、「京都にいる人と九州にいる人が会話できるんだよ」とか言っても、意味分からなかったでしょう。「アホか、そんなんムリに決まってんだろうが！」と言われるに違いない。だけど、今の我々はそれを実現しています。だから、今は「無理だよなあ」と思っているようなことだって、ずっと将来には実現できるかもしれません。

スポーツなどのルール

さて、もう一種類の決まりです。さっきまで見ていたのが物理的と言うか、自然のと言うか、そういう制限だったとすると、もう一つの方は、人間の世界のルールです。

ゲームで言えば、こちらは例えばスポーツのようなものを思い浮かべるといいでしょう。前にも見たように、スポーツっていうのは実質、ルールで出来てます。こちらは、さっき見た物理的な法則とは違って、破ろうと思えば破れる。だけど、でもそうしちゃうと、ゲームから排除されるっていうことになります。サッカーなんかで言うと、「レッドカードで退場」っていうヤツです。だから、破ろうと思えば破ることもできるんだけど、でも、基本的には「やっちゃいけないよね」とか、「やっぱこうすべきだよね」とか、そういうののことです。

で、あまりまどろっこしく書いても仕方ないので、ざっと整理して大きく分けると、これはさらに三種類に区別できそうです。

法律など

一つ目は、法律の類い。例えば日本の場合だったら、「国会で審議して多数決で……」っていう、手続きで決まるタイプのものです。法律の世界では、「実定法」などと呼びます。

このタイプのルールは、何か一定の手続きで決まればいいので、別に法律じゃなくてもいいです。会社とか団体の決めごととかもそう。例えば、私も一応いくつかの学会に所属しています。それぞれの会に規則があって、その決め方（決める手続き）は会ごとに違っています。ある学会では「理事会で決める」とか、別な学会だと「総会で話し合う」とか。こういうのも手続きです。つまり、手続きにはいろんな手続きがあるんで、多数決とは限りません。それでも、手続きなしでルールが決まるってことはない。

道徳？

さて、二つ目は道徳みたいなタイプです。これは、法律などとは違って、別に手続きで定められているというのではないので、頼りなく見えますが、実は大事。

例えば、法律をはじめとする手続き的なルールは、いちいち作らないと決まりとして働かないけど、道徳っていうのは、そういう手続きでわざわざ作るものじゃないわけです。なぜかと言うと、それは、道徳には「やるべき」とか「やっちゃいけない」とかの理由があるからです。

例えば、「人に迷惑をかけてはいけない」とか。だって、「人に迷惑をかける」というのはよくないこと。よくないことはやっちゃいけないことだから。なるほど。

法や道徳の弱点

法律的なルールは、「手続きで定められている」ということに成立の根拠がありましたが、これでは実は困ったことが生じます。というのは、ともかく手続きさえ通れば、内容がテキトーでも成り立ってしまうからです。実際、「これはもうちょっとよく考えた方がいいな」と思うような法律でも、国会で多数派が賛成すれば、それだけで成立してしまいます。まずいです。「手続きで決めた、多数決でそう決まった」と言われれば、理不尽なものでも従うしかなくなってしまうからです。

そういう意味では、道徳のように「ちゃんとした理由がなければいかん」という方が、中身を考えれば大事になってくるわけです。ところが、道徳（あるいは倫理）は、我々の価値観の問題だと思われていて、しかも、「価値観というのは人によって違う」と多くの人が信じ込んでいます。そうすると、道徳もまた、非常に不安定なものになってしまいます。

常識的なこと

三つ目は、「社会的規範」などと呼ばれるものですが、これは大雑把に言えば、常識みたいなもの。つまり、法律のように「手続きで決まっている」のでも、道徳のように「ちゃんとした理由があるから」というのでもなく、「何だか知らないけど、みんなが従っている」っていうものすごくアバウトなものです。

だけどある意味で言えば、これが一番無敵のルールなのかもしれない。だって、法律なら「それは、いつどこで決まったんだ？」と問いただすことができますし、道徳なら「それは、どういう理由でそう決まってる？」と問うことができます。だけど常識は、それが問えないからです。もしちゃんとした手続きを通していなければ、「そんなの法律じゃない、そんなものに従わなくてもいい」と言えますし、ちゃんとした理由がなければ、「そんなの道徳じゃない、そんなものに従わなくてもいい」と言えますけど、常識は、結局のところ、「何となくそうなっている、実際に多くの人が従っているから」と言うしかない。じゃあ、だから従わなくてもいいかというと、「なぜお前は常識の通りしないんだ」と言って責めてくる人が出るし、「じゃあもう面倒くさいから、「長いものに巻かれろ」的に従うだけ従っておくか」ということになりがち。

例えば、Wordというワープロソフトがあります。学校や役所からは、Wordでファイルが届きますし、Wordファイルで提出しろ、とか言ってくる。「なんでそんなことしなくちゃいけないの?」と思うし、「誰がどんな手続きで決めたんだそんなこと」と思うし、実際のところWordを使う意味なんてほとんどないんだけど、「みんな使ってるから」ということで、そうせざるを得ない。つまり常識っていうのは、こういう、いわゆる「デ・ファクト・スタンダード」なのです。

「デ・ファクト・スタンダード」の「デ・ファクト」というのは、「事実上の」という意味です。これと対になるのは、「デ・ユーレ」という言葉で、これは「権利上の」とか「正当な」という意味です。逆に言うと、「デ・ファクト＝事実上のスタンダード」ってことは、正当ではないいんだけど、実際にそうなってしまっている、というものなのです。

揺れ動く不確かな決まりたち

ゲームの条件［2］に相当するような、人生における決まりを見てきました。確かに人生もゲームと同じで、ルール的なものはあるとは言えます。だけど、こうして見るとねぇ、ふーむ、人生ではどの決まりも、かなり揺れ動いたり、ブレがあったりするものであることが分かります。

一つ目は自然の制約でした。これはかなり固定したものだけど、技術の発達で動く。

二つ目は手続き的ルール。白黒はっきりつけるためというので、よく使われる、我々もかなり頼りにしているものですけど、法律なんかはもうバンバン変わりますし、不合理な法律も多い。

三つ目は理由のあるルール。これは実は法律なんかより明確かもしれないところはありましたけど、でも、不安定に見えるのは違いありません。

四つ目は常識。これはもう、何が「常識」で「普通」なんだか、考えれば考えるほど分からなくなるっていうくらいに頼りない（その割には、我々の自由を縛る）という、やっかいなものでした。

逆に言えば、我々が作っているゲームは、人生の場合とは違って、こうした「できる・できない」を非常にはっきりさせて、明確な枠を与えているのだということが分かります。……そうか。そうなのかもしれません。我々がゲームなんてものを作るのは、一見すると「面白いから、楽しみのため」に思えるけど、実はもっと深い理由があるのかもしれない。つまり、人生があまりに不確定なものだから、せめてゲームという形ででも、確かなものを得たい、というように。

改めてゲームと人生

何か大事なことが分かりそうだけど、後でもまた考えることになりそうなんで、今は、この章で分かったことをまとめておきましょう。

ゲームやってて、ルールに従わない人が出たとします。そうしたら失格です。その人はゲームしていない。簡単な話です。

その、ルールに従わない人が「いや、だってそれはオレの価値観と違う」とか言ったらどうか。そうしたら、「いやいや、これはそういうゲームなんで、イヤなら参加しないでいいです」と言えばいいのです。

しかし、社会ではそうはいきません。前に見たように、ゲームには外があります。ゲームゲームの外でも人は生きられる。だけど、人生には外はありませんでした。それと同じで、ゲームには外はあっても、我々人間社会には外はないのです（うーん、ほんとうかな？）。

そして、ゲームの場合、一定のルールに従うことが、ゲームの内側に入るか外側に出るかの境目になっている。ルールというものがゲームを作っている。それに対して、人生は人生という土台みたいなものがあって、その中にルールがあるんであって、ルールが人生を作っているのではない……。

いや、ここはもうちょっと考えなきゃ。だけど、ルールがあってできるのがゲーム、人生があってルールができる。うん、これはかなり違っています。そして、ルールのようにはっきりしたもので出来ているから、ゲームははっきりクッキリしています。だけど、人生は非常に摑まえづらい。

「「人生は非常に摑まえづらい」ってのが結論か！　それなら何も分かってないってこと？」と言う人がいるかも。でも、そうじゃないのです。「人生は非常に摑まえづらい」は確かに一つの結論、答えです。だけど、大事なのは、なぜ人生は摑みどころがないのか、その理由が分かったからです。そして、それが分かったのも、ゲームと対比して、じっくり考えてきたからこそなのです。

コラム2　ルールの意味

この章の途中で分かったことはもう一つありましたね。「この世の中になんでルールみたいなものがあるのか、あるいは、我々はなぜわざわざゲームなんてものを作るのか」の答えです。ルールっていうのは要するに制限のことで、それは我々の自由を奪うものなのだから、ない方がいいように思える。なのに我々は、わざわざそういう制限を作ったりしている。考えてみれば不思議。

だけど、もしそういうルールがまったくないのだとすれば、人生は本当に不確定な、不定型なものになってしまいます。何をしてもよい、っていうことは、何をしても意味がないということと同じなのです。

vふぁjづじおあうりじゃんkrじゃいえ

いきなりものすごい誤植だと思った人もいるかもしれませんけど、そうじゃありません。

何も考えずにまったく自由にキーボードを打った結果がこれです。意味分かります？「分かるわけない」って？　そうですよね。私は心を込めて打ったんだけど（ふふ）、何の規則（文法）にも従わず打っただけだからね。そう、規則がないと意味が生まれないのです。

我々は自由を奪われて縛られるのもイヤだけど、まったくの無意味さにも耐えられない……。

そういう困った事態から抜け出す、あるいは、そういうそら恐ろしい真実から目をそらすために、我々はルールを作り、ゲームを作っているのかもしれない。でも、人生はそれでもゲームにし切れない……。

これはまだ考えなくちゃいけない点です。つまり仮説みたいなものなので、コラムの形にしました。でも、そういう仮説を生み出せたというだけでも、我々の考察には十分な意味があったことになります。

第一三章　「誰が産んでくれと言った？」論——人生は開いている

条件［3］を考える

さて、ゲームの条件［1］と［2］をヒントにして、人生ってどんなものかを考えてきました。残るのは条件［3］です。

これは、ゲームそのものに属するというより、ゲームに参加するプレイヤーの態度に関するもの（自発的かどうか）だった。だから、条件［1］、［2］とはちょっと性質が違いましたし、おまけのようにして後から発見されました。だけど、これはもうね、人生とゲームの最大の違いと言ってもいいんじゃないかと思えるところがあるのです。

生きることとゲームすること

ゲームってやるものなわけです。やるというか、行うというか。アクションです。まぁ、言葉を換えただけだけど。

ところが人生の方は、それよりももっと基本的なものっていうかね……。いや、「人生」

って人が生きるってことですよね。主語は人間。でも、基本っていうか、最低限のところなわけですよ、生きるって。他の生きものだって（別に他の動物や生きものを見下しているわけじゃないんですけど）生きてるのは生きてるじゃないですか。だから、生きるというのは、人間だけのものじゃなくて、いわば生物学的なものです。ところが、ゲームはそうじゃない。非常に人間的っていうか……。

いや、このままだと「人間と動物の違い」みたいなつまらない話になりそうですけど、ここで確認しておきたいのはそんなことじゃなくてですね……。そう、簡単に言えば、生きるっていうことがまずある、ということです。そして、ゲームする、プレイするっていうことは、その上でだということです。

単に生きるのではなくて、ゲームするということは、当然、ゲームに参加しているってこと、つまり、自ら進んでわざわざゲームに関わろうとしているってことです。非常に雑に言えば、何も考えなくても生きることはできるかもしれません。だけど、ゲームに参加するっていうのは、生きるだけじゃなくて、いわば「生きるプラスα」を目指しているということなのです。

生きる＋参加→ゲーム

生きるっていうのは、わざわざ（自発的に、意図的に）参加するっていうものじゃなくて、我々は気づいたときには、もうすでに生きてしまっています。生きていて、その上でそれだけじゃなくてゲームに参加する。わざわざ参加して、そのゲームにコミットするわけです。与えられた目的を達成するために、そのために用意された、しかもその目的達成を邪魔するようなルールにわざわざ従う。それがゲームする、プレイするってことでした。そう、これが条件［3］です。

それに対して、生きるというのは、もうすでにやっていることです。もちろん、子どもは親や先生たちから「主体的に生きなさい」とか、そんなふうに言われたりするわけですが、それはいわば、「単に生きてるだけじゃなくて、ゲームに参加しなさい」っていうのと同じじゃないか、とも思えます。あれっ？　まぁいいや、その点については後で考えます。ともかく、生きるっていうのとゲームするっていうのはまったく別物で、それを分けているのが、自発的に参加するという態度、つまり条件［3］だったということを確認しておきたかったのです。

今度は生まれる話

ルールの話の前には「死ぬ」って話が続いていましたが、じゃあ「生まれる」の方はどうでしょう？

我々が生きるためには、まず生まれるってことがないといけません。「何を当たり前のことを」と言う人がいるかもしれませんが、そう、当たり前のこと。だけど、こうして人生とゲームを比べてみると、気づいていなかったというか、普段は忘れてしまっていることが明らかになります。つまり、人生はゲームとは違って、「はい、ここから参加します」っていうふうに参加するんじゃないってことです。繰り返して言うと、気づくともう人生は始まっているのです。

芥川龍之介（あくたがわりゅうのすけ）の小説に「河童（かっぱ）」というのがあります。この小説で描かれる河童の世界は、我々が知っている人間の世界とは全然違った世界です。単に違っているというより、正反対、あべこべの世界。例えば、河童の生まれる場面。出産するということになったとき、河童の世界では、生まれてくる（はずの）子どもに向かって、「お前は生まれて来たいかい？」と尋ねます。それで子ども本人が「生まれたい」と言ったら産むし、そうでなければ産まない、というのです。

人間の場合は幸か不幸かそんなことはない（本当にね、幸か不幸かどっちだろう？）。我々は河童の子どものように自分の意志で生まれて来たわけじゃなくて、いつの間にか生まれてしまっている。

「参加するなら、自分の意志で」というのがゲームの基本です。そこから考えてみると、人生はまったくゲームではない。身も蓋もないことを言えば（親御さんたちを悲しませるような言い方をあえてすれば）、私は「産んでくれ」と頼んで生まれて来たのではない。それどころか、誰も私の意志なんか聞いてくれなかった。実際、私は生まれる前に「生きたい」と思っていたわけではないし（というか、その頃には「私」自体が存在しないのだから、そんな意志もあり得なかったわけですが）、親が勝手に産んだ（作った？）のです。

しかも、この考えをもっと推し進めて言えば、親だって「よしこの子どもを産もう！」と思って産むわけではない。「できちゃった婚」なんて言葉もあるくらいで、「意図しないで」、（あるいは、これも身も蓋もない言い方をすれば）失敗した結果として私が生まれちゃったのかもしれないわけです（ああ、言っちゃった……）。

もちろん、「子どもは二人の愛の結晶」なんて言い方もするし、「子宝」なんて言葉もあるし、大事にされる場合もあるでしょうし、それが望ましいだろうけど、なかなか辛いことに、そうでない場合もあります。

私の生きる根拠への疑い

それに、もっとひどいことを言いますが、例えば、「お前は私たち二人の愛の結晶だよ、だから大事に育てたんだよ」と言って育てられた子どもがいたとしても、それでも、必ずしも「よかったなあ」で済むとは限らないってことです。というのは、生まれる前に「私」がいないばかりじゃなくて、生まれてからもしばらくは「私」なんていう意識をもたないわけでしょう？　だとすると、そうした親の言葉が事実かどうか、厳密に言えば確かめることはできないわけです。それらも全部嘘かもしれない。それどころか「親」として育ててくれた人が、本当は親じゃなかった、なんていうこともあり得る……。

ふふっ。「そこまで疑い深くならなくてもいいじゃん！」と言う人がいるでしょうねえ。私もそう思います。それに、親や周りの人間が子どもに向かって、「お前のことは大事だ」というメッセージを与えることはそれ自体大事なことです。それが子どもの生きる支えというか、根拠のようなものになるのも確かだからです。

ただし、です。実際に子どもたちの中には、そうしたこと（一見するとヘリクツとか極端な考えに見えること）で真剣に悩む子もいるというのもまた事実です。そして、こんなふうに考えてくると、そうした疑いや悩みには、合理的な理由がある、ということなのです。だって、自分が生まれる前後のことなんて、本当に分からないわけだから。

念のために言いますが、「君は本当は親に愛されていないかもしれない」とか、そんなことが言いたいんじゃないんです。「君はみんなに望まれて生まれ、愛されて育った」というのが一種の神話であるのと同様に、「君は本当は親に愛されなかった」というのも想像にすぎません。どっちがより事実に近いとか、信じられるとか、確率が高いとかいうことじゃなくて、「実際はどうだったのか」を確かめるすべがそもそもあり得ない、っていうことなのです。

もう一つの境界

そうなんです、これは「死ぬこと」について考えたときに出てきたのと同じ構図なのです。第一〇章、第一一章では、「死ぬこと」を取りあげて、今回は「生まれること」を取りあげました。これらは人生の始まりと終わり、人生の端っことというか、境界というか、そういうものに当たるわけですね。

だけど、この二つについて何が分かったか。一言で言えば、これら二つの端っこは、いずれも不確定なものだってことです。

もちろん、死と出生ではちょっと違います。生まれてくるときには意識はないので、ほんとうによく分からない。ただ、その時には産んでくれた親や周りの人はいるので、その証言を聞くことはできます（信憑性はともかく）。一方、死ぬ方は、いつやってくるかが分からない。いきなりかもしれない。その場合だったら、自分で気づかずにそのまま死んじゃってるなんてこともあるかもしれない。あるいは、病気とかで余命宣告されて、という場合だったら備えとか心構えとかできますし、その瞬間まで意識することはできる。

だけど、生まれてくるのも、死んでゆくのも、いずれにせよ明確な境界みたいなものではない。出生に始まり、死に終わるはずだけど、実はその両端はぼやけているのです。

我々は、いつの間にか生まれてしまっていて、気づくとこうして生きていて、そして、いつ来るのか（ひょっとして来ないかもしれない）死を、目指すのでもなく、でも客観的に見るとそこに向かう形で日々を過ごしている。これが我々の人生の姿の根本なのです。

閉じたゲーム、開いた人生

だからこそ、「人生」っていうのは「こうだ」という形で定義するのが難しかったのです。前の章の最後でも出てきたことだけど、同じことがまたここでも確かめられました。

もちろんね、人生にだって始めも終わりも、まぁ普通に考えたらあるんだろうとは思います。だけど、それはあくまで他の人から見てのことであって、本人にとっては「今は生きている」という状態しかありません。客観的に見て「この人は今、死に近づいている」と思えても、本人からすれば「今は生きている」の状態です。端っこは見えないまま、今は生きている。

こういうのを「開いている（オープン）」と言います。それに対してゲームはどうか。ゲームはそれに参加するということがあり、そして、ルールに従うことでゲームに参加し、やがて、目的＝終わりに至ります。参加することも自発的だし意図的だから、自分で分かっていることだし、そして、終わり＝目的もそこに至れば自分で分かります。そして、ゲームが終わっても、その後も我々はゲームの外、人生の内で生き続けるわけです。つまり、人生の中のいつかがゲームの始まりで、人生の中のいつかがゲームの終わりです。こうして、始まり＝参加と終わり＝目的が明確で、その外があることが分かっているのがゲーム。こういうのを「閉じている（クローズド）」と言います。

第一一章で見たように、ゲームには外部がありました。それというのも、ゲームは閉じているからです。逆に、人生には外部はない。それは開いているのです。

人生は全体がオープンなもので、だからそれ自体ゲームにならない。しかし、第九章で見たように、その中に閉じたシステムとしてのゲームがいくつも含まれている。そういう意味で言えば、人生とは、複数のゲームを入れる容器のようなものだと言えるかもしれません。

もっとも人生は、容器だとしても、一定の大きさをもつ器ではありませんし、いくつかの有限な部品からできているといったものでもない。だから、いくつかのゲーム、部分ゲームとでも言うべきものが人生の中にはある（発生する？）わけですが、でも、それらの部分ゲームが集まって、人生という全体を作っているというわけではありません（部分ゲームを全部足し算したら、それで人生という全体になるわけではない）。それにそもそも、人生の中にはゲームにならないものも含まれているのでしたしね。

人生はゲームや非ゲームを内に含んで、それ自体は開かれているもの。だとすれば我々は、ここからどこに向かうのでしょう？

練習問題3　人生からの離脱

ゲームと日常

ゲームは閉じたもの、人生は開いたもの。

「閉じている」ということは、その外があるということです。だから、ゲームにはその外があります。これも大事なゲームの条件だと言えそうです。

だったら逆に、そうした外部がないとき、それはゲームでなくなる、と考えることができますね。

例えば、ＲＰＧをするとします。そのゲームの世界で、冒険の旅に出たりとか。で、ラスボス倒して、「ふー、終わったぜ」という感じでゲームが終わるとまた日常の生活に帰ってくる。だけど、もしその世界から絶対に抜けられないということになったら？　ラスボス倒したと思ったらエクストラ・ステージが現れる。「よし、今度こそ終わった、ちょっと日常に戻ろう」と思ったら、また追加ステージが現れて、しかも、「いったん中断するとこの追加ステージは消えます」なんてことになったら、もう続けてやらざるを得ない。ところが、それも終わってみると……なーんて想像すると、ちょっと怖くないですか？

そうですね、想像するのは難しいかもしれないけど（でもまあ、想像するしかないんだけど）、体感型のゲームがすごく発達したとして、その中に入ってみたら、もう現実そっくり、感覚もリアルにあって、現実と区別が付かないくらいの世界。そこで思う通りのことができて嬉しい。だけど、気づいたらそこから抜けられなくなってしまった、みたいなのとか。

例えばいわゆるデスゲームもののラノベとかマンガとか。そのゲームの世界に入る前の現実の世界があったことを覚えていれば、「ここはゲームなんだ」と自分に言い聞かせようとするかもしれないけど、そこから抜けられない以上、もうそこは現実の世界、生の人生になってしまっているということです（いわゆる「なろう系」の異世界ファンタジーなんかもそう）。

繰り返すと、ゲームはその外があるもののことでした。だから、「そこから離脱できないゲーム」なんてのがあるとすれば、それは外がないんだから、もうゲームでない。単なる現実です。

離脱できない人生

そう、「いったん入ると、そこから離脱できないゲーム」なんていうのがあったら、それはもうゲームどころか、地獄のような世界だと思えるでしょう。

だけど考えてみれば、人生というのは、そこから離脱できないものなわけです。

ではここで問題です。人生が離脱不可能なものだとすると、それ自体が地獄のようなものだということになりそう。ＯＫ？

もしそうじゃないとすれば、人生からの離脱って何か？

さあ、ではちょっと考えてみてください。

人生から離脱する方法

さて、解答です。そう、分かった人も多かったんじゃないかと思いますが、一つの答えは、自殺ですね。ただ、いくつか注意しないといけません。

一つには、（かなり絶望的なことを言うかもしれませんが）自殺したとして、今の状況からは抜け出せる可能性が高いですが、抜け出せたとして、その後はどこへ行くのかまったく分からないことです。いや、「どこへ行くのか」って、どこにも行かないかもしれないけど、ともかく、どうなるか分からない。だから、（まあ、あまりないと思うけど）死んだと思ったら、「ぴろりろりーん、ファースト・ステージ、クリアです！」とかの表示が出て、次のステージに入っちゃうかもしれないわけです（つまり、抜け出せたと思ったら、抜け出せてなかった）。

でも、だから、現在の人生を抜け出す手段として、自殺はお勧めできません。

「いやいや、「お勧めできません」とか言ってるけど、自殺なんて絶対ダメじゃん！」と思った人もいるかもしれません。私もそう思います。自殺はやはり倫理的には悪だし、許容されるものではありません。だけど、人間に自由意志があるのなら、自殺もできることになります。そして、現在の人生があまりにも悲惨であるとすれば、少なくとも現在の状態からの脱出路として、自殺を考える人が出てきても不思議ではない。

ただ、第一三章で考えたように、生きるっていうのは、あまりにも基本的な土台です。だから、自殺という選択肢は、「就職するか進学するか」といった選択とは根本的に違うことは確認しておいた方がいいでしょう。「就職するか進学するか」は、「人生の中でどんなゲームに参加するか」だけど、自殺は、そもそもゲームであれ何であれ、「参加する（何かする）ことを選ぶ」ってこと自体の全面的な拒絶だからです。そういう意味では、「自殺は倫理的に考えて悪である」というのでは不十分です。自殺は、善いも悪いも、倫理とか道徳とかといったものそのものの否定だからです。

自殺と逃走

とは言え、実は私は、少なくとも自殺の可能性を確保しておくことは重要ではないかと考えています（こういうことを言うのは倫理学者としてどうか、っていう意見もあるわけですが）。というのは、もし自殺の可能性まで否定してしまうと、それこそ「人生出口なし」となって、息苦しくなってしまうからです。

ただ、もう少し健全なことを言うと、もし今の人生が息苦しいと感じる人がいたら、それは、「人生そのものが苦しいというより、今自分に与えられている人生の一場面(ステージ)で苦しくなっているだけじゃないか」と考えてみることです。ゲームならまだしも、自発的に参加したわけでもないのにいつのまにか参加させられて、しかも、それが非常に不本意な状況なのだとすれば、そこから逃げ出したいと考えて不思議ではない。そういうときに、「この困難に立ち向かうぞ！」と思える人はそうすればいい。だけど、「逃げるなんて卑怯(ひきょう)だ」と言って、自分や他の人をもっと追い詰めるよりも、同じ自分の人生でも、今のこの状況から抜け出すことはできる、別なゲームに参加することもできる、と考える方が健康的です。

もっとも、これは簡単ではありません。追い詰められている人が追い詰められてしまっているのは、「逃げ道がない！」と思い込んでいるからです。その思い込みを取り除くのが難しい。そうとしか思えなくなった結果としてそう思い込んでいるのであって、「そう思い込もう！」と思って自分の意志で思い込んでいるのではないのだから。だけど、そうなったとしても（できれば、そうなる前に）、「人生は閉じたものではなく開かれたもので、いろんなことが起こる土台みたいなものだから、人生そのものに外はなくても、今の状況の外はある、逃げることは可能だ」ということは知っておく必要があります。ゲームは一つじゃない！　そう、こうしたことを知ること、これこそが哲学の最も重要な役割なのです。

どんどん逃げればいいです。もちろん、踏みとどまって戦う、自発的にゲームに参加するというのも立派です。だけど、自殺まで行かなくても、逃げ道はいくらでもあります。

パートⅣ

ゲームを作る、ゲームを超える

パートⅣのまえおき

パートⅢで大事なことが分かりました。人生は不確定で見通せない。終わり＝目的もなければ、その外もない。それに、ルールだって……。ではどうしたらいいか（練習問題3で出てきたのは、「自殺」という答えでしたけど、そうじゃないとするとどうしたらいいか）。これが次の課題です。

で、二点ほど注意。

一つは、今までは「事実はどうか」を考えてきたわけですが、ここからは「どうしたらいいか」を考えるってことです。大げさに言えば、理論から実践へ。この二つはもう、ものすごく違っています。

例えば、「人生は不確定である」。これが我々の発見した事実、あえて言えば事実に関する理論です。でも、それじゃあ困るから、何とかしたい。では、どうしたらいいか。今までは「ゲーム」とか、「人生」とかといったモノが主語でしたが、ここからは「私」とか「自分たち」が主語になって、つまり、「私はどう実践するか、自分たちはどう生きるか」が問題になります。

そして、事実と違って、我々のすることは可能性の問題。ということは、実践に関しては、事実よりももっと、「ああもこうも考えられる」という幅が広いことになります。だからここでは、考えられることの全部を取り上げることはできません。そのうちのいくつかを取り上げることしかできませんし、考察にもかなり難しいところが含まれます。という言い訳をまずしておきます。

そして二つ目、考え方には二種類ありそうだってことです。つまり、「人生は不確定で見通しが付かず、終わりは見えず、逃げ場もない」のがイヤだと考えるなら、それをどう変えるかを考える。つまり、事実ないし現実を変化させるという方向（第一四、一五章）です。そしてもう一つは、自分たちを変化させる方向（第一六、一七章）です。

第一四章　宗教はゲームか？

ゲームにする

我々は「現実の人生はゲームと違って不確定で頼りない」という事実を発見しました。では、その根本はどこにあったか。それは要するに、人生にはゲームの場合と違って目的が明確に設定されていないというところでした。だとすれば、こうしたところから抜け出すためには（そして自殺もしないためには）、つまりは目的を見つければいいわけです。あるいは、見つからないんだったら、ムリにでも作り出す？

人生はそのままではゲームではない。だけど、足りなかった条件を自分たちで補ってやれば、ゲームにすることもできるはずです。特に、ゲームの条件［1］と［2］は連動するものだったから、みんなに同じ目的を定め、それに連動した共通のルールを定めれば、ゲームが出来て、みんなで競える。

神様に決めて貰う

しかし、目的を定めるとして、問題は、それを誰が定めるか、です。共通の目的ってことになると、自分一人では決められない。じゃあ、誰が？

こういうとき、ものすごい極端な場合から考えていくのが一つの方法です。というのは、中途半端な場合を考え出すと、あれこれといろんなことを思いつきすぎてしまうからです。我々の人生の「終わり＝目的」を定めてくれそうな人。そうですねぇ、例えば、親とか？あるいは先生とか？　友達？　先輩か？　うん、他にもいろいろ候補は挙がってきそうです。サラリーマンだったら、上司とか社長とかも考えられるし。でも、いくらでも挙げられるけど、決定打が見つかりにくい。だって、これらはみんな、そのつどそのつど与えられるものだし、場合によって中身も全然違うだろうからです。

こんなふうに、中途半端に思いつくまま考えても、まとまらなくて混乱してしまいがち。そこで、我々の人生の終わり＝目的を、「もうね、絶対にこれ！」というふうに定めてくれる便利な人を考えてみましょう。

そうですね、マスターとかグルみたいな人？　でも、そういうのも人である以上は限界があるんで、もう「人」っていう制限もとってみましょうか。そう、人じゃなくてもいいんです。「これこそがお前の人生の目的だ」と保証してくれる存在を考えてみる。

そうすると、昔から「神様」と呼んできたような存在。「そんないるかどうかも分からないものを考えたってしょうがない」と思う人もいるかもしれません。実は私は哲学や倫理学の他に宗教に関する授業もやっていますけど、別に特定の信仰はもってないし、神様を信じているわけではありません。正直言って、「いるかどうか」なんて、今は別にどうでもいいのです。ここで大事なのは、こういう極端な場合を考えてみて、ポイントを摑むことです。

実際、ゲームを扱った授業では「私たちを操ってゲームさせている存在がいるんじゃないか」とコメントを書いてくる学生さんが一定数います。「宗教」、「神」なんて言うとみなさんピンとこないかもしれないけど、人間を超えた存在がゲーム制作者になっていると思えば、想像できるんじゃないかと思います。

信じる理由

世の中には、いろんな宗教があって、信仰をもっている人も多い。日本では無信仰の人もかなりいますが、世界を見ると、信仰のある人の方が圧倒的に多い。これだけの人が宗教を信じているということは、（それが正しいかどうかは別として）何か理由があるのではないか、と考えることができます（というか、何の理由もなく、これだけ多くの人が信仰をもっているとは考えにくい)。

もちろん、それには個人的な事情はあるでしょう。かなり多いのは、「うちは代々そうだから」という人じゃないかと思います。あるいは、「わざわざ選んだとか信じたとかいうより、みんながそうだから」というような国や地方も多いだろうと思います。つまり、「宗教」なんていう言葉を使うと大げさになるけど、実は、「みんなが信じているから」というような、そう、一種のデ・ファクト・スタンダードだったりするわけです。

だけど、「信じる理由」みたいなのをあえて一般的に考えれば、そりゃあ神様を信じるとイイコトがあると思われているわけです。そうなんです。だってね、ずっと確認してきたように、人生に「目的=終わり」が定まっていないからこそ、我々は生きるのに迷うわけで、そこをズバッと「お前の生きる目的、生きていく意味はこれだ!」と教えて貰えれば、こんなに生きやすいことはないからです。

一応、注意書き

こんなふうに言うと、真面目に信仰をもつ人は、「宗教はそんなもんじゃない」と言うかもしれません。実際、授業でそう言ってくる人もいます。

ええっとね、私はそういう人の信仰を否定しているわけではありません。いや、それはその人にとってはその通りなんだろうと思います。だけど、人生の目的＝終わりを与えて貰うために神を信じているのでないとしても、神様を信じるということは、その結果として、自分の生きる意味、生きる目的を定めて貰うのと同じ効果はあるわけです。逆に言うと、そういう信仰をもつ人は、神を信じなければ、自分の生きる意味も失われてしまって、すごく苦しくなるんだろうと思うわけです。

「あの世」の意味

いずれにせよ宗教は、我々に生きる目的、意味を与えてくれる。そして、これは宗教にもよるけど、あの世を認めるタイプの宗教だと、「人生の外」まで用意してくれるわけです。そして、この世でけりの付かなかったことも、あの世という外があるんだから、そこで神様が決着をつけてくれるわけです。

これは、この世の外（あの世）を信じない人にとっては大した意味をもたないように見えるかもしれない。だけどね、例えば、すごく善良な人がいて、それなのにその人が貧乏で、病気がちだったりするかもしれません。どう見てもかわいそう。逆に、極悪人がのうのうと安楽な生活を送っていたりするわけです。全然公平じゃない！　だけど、神様がいるんだとすれば、あの世でそういうのも釣り合いが取れることになります。

そうなれば、もう別にこの世の中で不公平があっても、理不尽なことがあっても、そりゃあ今は腹が立つかもしれないけど、究極的には安心できます。善良な人なら、たとえ今は（この人生では）不幸でも、後で（この人生の外では）幸せになれて、それで釣り合いがとれるはずです。逆に悪人は地獄に行って罰せられるだろう……。

もちろん、神様がいれば、の話だけど。

戒律の意味

それればかりじゃありません。

あの世で罰せられないようにするにはどうしたらいいか。その答えも簡単。神様の教え通りに生きればいいのです。

そう、宗教は、我々の人生に目的を与え、その後（人生の外）にある決算まで保証してくれるばかりじゃなくて、どうしたらその目的が実現できるかという方法まで教えてくれるわけです。それが宗教的な実践上のルール、つまり「戒律」。宗教は細かい生活の仕方までを教えてくれるのです。なんて恐ろしいほどの親切さ！

我々は病気になるかもしれないから医療保険に入ります。死んだ後のことも心配なので、生命保険に入ります。保険ばかりではなくて、あれこれ心配なことがあるので、いろんな仕組みを必要とします。一人じゃあ解決できないことは集団で解決すればいいというので、コミュニティや、国なんかも作る。ところが宗教は、そうしたものを全部すっとばして、あらゆる心配を全てなくしてくれて、絶対的な安心を保証してくれるわけです。便利と言えばいいのかなんと言えばいいのか、ともかくすごいわけです。

完全なゲームとしての宗教

こうして考えると……。そう、宗教は、ゲームとして不完全であった人生を、安全安心な究極のゲームにしてくれるものだったのです。

今見たように、宗教はゲームの必須条件を二つとも満たします。しかも、完璧な意味で満たしています。というのは、例えばルールに関して言えば、人間の作ったルールには、第一二章でも確認したように、たくさんの問題がありました。例えば、我々が作ったルールの代表的なものである法律なんて、（幸か不幸か）常に不完全なものなので、しょっちゅう作り直したり廃止したりしているわけです。それに、法律で決められるのは基本だけで、具体的なところまでは決められませんでした。それに対して、戒律は「神の法」、なにせ神様が作ったものなのだから、常に完全なものであるという保証つきで、しかも、具体的な生活の仕方まで細々と決められているのです。すごい！

しかし宗教にも弱点が……

しかし、言うまでもなく、こんなうまい話には罠がありがち。そう、宗教にも弱点があるのです。それはもちろん、こうしたことが成り立つためには、もうものすごい大前提があるということです。いやね、言うまでもないけど、つまりそれは、「もし神を信じるならば」という大前提です。

さっきは「保証付き」なんて言ってしまいましたが、それは、「もし神を信じるならば」という、この大前提があってのことです。宗教は、「オレはそんなの信じない」という人にまで保証を与えてはくれない。

だから、神を信じる人にとっては、人生はゲームになります（また怒られるかなぁ……）。しかし、信じない人にとってはそれは通用しない。信じない人からすれば、宗教がやっていることは、まったく意味がないか、そうでなければ、「自分とは違うゲームをやっている」としか見えないでしょう。

そうなんですよねぇ、よく気の付く人は、これが、ゲームの条件［3］に関わることが分かると思います。条件［3］っていうのは、ゲームの本質というより、ゲームに参加するプレイヤーの態度の問題でした。つまり、そのゲームにちゃんとした形でコミットするかどうか、ということ。それが、この「ゲームとしての宗教」の場合には、プレイヤーである信者のプレイ態度、つまりは信仰心なのです。

そしてこれは、宗教が大きな力をもっていた昔でもずっと問題になっていたことです。というのは、宗教的な信仰っていうのは、目に見えない形のないものを信じるっていうことなので、とても難しいからです。だから、条件［1］の目的と条件［2］のルールがあっても、条件［3］が……。これが宗教の大きな弱点です。

昔だってそうだったわけなので、今だったらなおさらです。みんなが同じものを信じるっていうのはものすごく難しい。だから、今でも宗教は大きな力をもってはいますが、みんながそれを信じて、同じゲームをプレイするというような状況ではないわけです。

そもそも、身も蓋もない話をすれば、宗教というのは価値観の問題です。「我々の価値観はこうだ」っていうのが決まっているのが宗教です。だから宗教は、ルールもびしっと遠慮なく決めちゃう。でも、第一二章で見たように、普通の社会の法律ではとてもそこまでできません。我々の前提は、「いろんな価値観があるよね」っていうことだからです。

細かいところまでうるさい!

それに、さっきは「細かい生活の仕方までを教えてくれるから、宗教はすごく親切」と言いましたけど、宗教によっては、かなり厳しい戒律もあるわけです。食べ物とか普段の生活の仕方から心構えまで、細かい戒律がある宗教もあります。知ってる人も多いでしょう。イスラム教徒はアルコールは飲んじゃいけないし、豚肉も禁じられています。「ハラール」というヤツです。同じようにユダヤ教でも「コーシャ(コシェル)」とよばれる食べ物の決まりがあります。魚は食べてもいいけど、海老やカニはダメ、タコも。

だから、それに従い切れない人も出てきてしまいます。そうすると、宗教そのものから脱落しちゃうことになるわけです。

宗教に興味のない人からすれば、面倒なことこの上ない。だけど、これを守らないと、宗教を信じていることにならない。だから、どうしても守らなくちゃいけない。そうですね、宗教の場合、「私（だけ）はこう思う」っていうんじゃだめで、みんながそれに従うってことが大事になります。

ゲームでもそうでした。ルールに従ってないってことは、そもそもそのゲームに参加していないってこと。例えば、手でボールをゴールまで運ぼうとするサッカー選手がいたら、そんなのもう「サッカー選手」じゃないでしょう？　それは別なゲーム、ラグビーという別なゲームをやっている人なのです。

だから宗教の場合も、どうしても戒律は強制的なものになっちゃう。そうすると、「教祖や神様は支配者、信者はその家来、下手すると奴隷」というような構図になってしまいがちです。そして、「従わなければ罰するぞ！」ってことになる。「神が与えたルールに従わないってことは、お前は神を信じていないな！　この不信心者が！」。

例えば、いわゆる『旧約聖書』なんかを読んでみると、非常に面白いです。神様がね、もう何て言うか、「オレに従え」ってばっかり言う。で、従わないと罰を与える。その繰り返しです。

ゲームの場合、決められたルールに従う。そうすると、そのゲームに参加することができて、楽しい。宗教の場合は、決められたルール（戒律）に従うと、信者だと認められる。それで安心できる。だけど、それはもう楽しいのかどうか。さっき見たように、宗教にとっては楽しいとかそういうのは問題じゃないわけです。むしろ、極端に言えば、従うことそのものに意味がある。ただ、宗教にシンパシーをもたない人にとっては、「そんなんじゃあ自由がない」と思われるだろう、ってことです。

宗教をモデルにする意味

さて、こうしてみると、宗教には弱点がいくつかあります。ここでは二つほどに絞って考えましたけど、他にもあるでしょう。

もっとも、たとえこういう弱点があったとしても、宗教をモデルにして考えることには十分な意味があります。というのは、さっきから見てきたように、「もし神を信じるなら」というどえらい条件は付くわけですが、その大前提を元にすれば、宗教は「ゲーム」の典型的なモデルを具体的に考えるための材料を与えてくれるからです。

第一五章　マネーゲームはゲームか？

マネーゲームはゲームか

さて、宗教には馴染(なじ)みがないっていう人も多いかもしれないけど、古代、中世に社会の土台となっていたのは、何と言っても宗教でした。では、近代から現代にかけてはどうでしょう。いろんな意見があるだろうけど、大きいのはやはり経済じゃないですか。宗教は、ゲームとして見るとすごくよくできたものでしたけど、現在ではかつてほどの力をもっていません。もしそれに取って代わったのが経済だとすれば、経済はもっとよくできたゲームなのでしょうか？

授業でも、「マネーゲームは本当にゲームか」なんていう質問がよく出ます。もっとも普通「マネーゲーム」って、株式投資とかのことを言うようですが、学生さんが考えているのはもう少し広いもののようで、大雑把に言うと、「現代の社会はお金を中心としたゲームになっているのでは？」という感じ。

もちろん私は経済の専門家じゃないけど、ただ我々はもうゲームについてかなり考えてきましたから、ゲームという観点からなら、少しは考えられるんじゃないかと思います。

今度はルールから

早速ですが、マネーゲームないし経済で、ゲームの条件［1］、つまり目指すべき目的みたいなのはあるでしょうか。うん、これはもう「お金」でしょうねえ、マネーゲームって言うくらいだし。で、お金についてはいろいろ考えるべきところがあるんで、後で取り上げることにして、先に条件［2］を見ておきましょう。

さて、マネーゲームにルールはあるでしょうか。

会社の経営者、ビジネスマンの人たち……、ええっとね、要するに「ビジネスやお金について一定の見識をもっている人たち」ってことですけど、そういう人たちのかなり多くが言ってくることがあります。私が倫理学をやっている者だと知ると、そういう人たちはおよそこんな感じのことを言うわけです。

「ほほう、倫理学の先生ですか、それはそれは。しかしそうなると、先生自身の人間性が問われますね、わはは。でも、倫理とか道徳とかって、要するに価値観のことでしょ？　それって人によって違うし自由ですよね。ただ、法律に違反はしちゃいけませんけどね。警察の厄介にはなりたくないものです」。

もうちょっと簡潔な言い方だと、こんな感じ。

「要するに、違法なこと以外、何をしてもいい」。

最小限のルール

ここからすると、マネーゲームには特別なルールはなさそうです。法律は、前も書いた通り、人間社会の基本のルールなんで、マネーゲームのためのルールじゃないのです。

むしろね、ビジネスマン、財界の人たちは、さっきの言い方からも分かるように、ルールをできるだけ減らしたいと考えていることが分かります。つまり、「道徳なんていうのは個人の価値観に属するものなんだから、そういうのは取り除いて、ともかく法律のような基本のルールだけ、つまり、最小限のルールでやりたい」と考えているらしいのです。

もっとも、こういう捉え方をしている人は、「道徳と宗教をごっちゃにしているのでは?」と思えるところがあるのですが、それはまた別の話。

マネーゲームはアンチ・ゲームである

いや、実際はね、商売上のルールっぽいものはいっぱいあるのです。だけどそれらは、いわばローカル・ルールみたいなもので、仲間内のルールではあっても、一般的なものではありません。現代では、グローバル化という名目で、つまり、世界中どこでも通用するようにということで、そういうローカル・ルールを取り除いて、ルールをさらに最小限にしようという流れがあります。

だとすれば、マネーゲームは、ゲームではないことが分かります。だって、第六章で見たように、ゲームのルールは、目的の達成を困難にするために設定されるものだったからです。そこからすると、マネーゲームはゲームではないどころか、アンチ・ゲームであるとすら言えるかもしれません。というのは、マネーゲームは、ルールを最小限にすることで、お金儲(もう)けという目的を実現しやすくしようとしているからです。これは、困難な目的達成を楽しむというゲームとはまったく逆のものだからです。

マネーゲームは仕事である

後でも確認しますが、お金という目標は分かりやすいし、勝敗も付けやすいので、マネーゲームは競争にしやすい。ゲームっぽく見えるわけです。

だけど、我々の考えてきたゲームの概念からすれば、マネーゲームはやっぱりゲームではない。というのは、例えば、ゴルフで「遠くにある穴にボールを入れる」っていう目的、これは確かに「目的」だけど、それは、「その作業を、手を使わないで、棒でボールを叩いて運ぶこと」というルールを設定して、目的達成を難しくしているだけのことであって、その目的が達成されても、それ自体には何の意味もありません。ゴルフがゲームなのは、その無意味な目的を、あえて困難を克服して達成するものだからです。つまり、ゲームの「目的」と言っても、なんのために我々がゲームをやるかと言えば、それは、第八章で見たように、その困難を克服すること自体を楽しむという内在的な目的のためでした。逆に言えば、「それをして、結果としてどうなるか」は、いわばゲームにとっては邪道なのです。

そう、これでよく分かりました。お金は結果、つまり外在的な目的なのです。マネーゲームは、本物のゲームとは違って、それをすること自体に意味があるのではなく、それをやった結果が大事になる。つまり？　そう、マネーゲームは遊びとしてのゲームではなく、仕事なのです。

目的としてお金？

というわけで、「マネーゲームはゲームか」問題にはもう答えが出ちゃったわけですが、ついでにお金についてもう少し考えておきましょう。さっきは「マネーゲームって言うくらいだからお金が目的」ということで済ませましたけど、お金ってそれ自体とても面白いものだからです。

例えば、みなさんはお金が欲しいですか？　もちろん、私なんかはお金がないので、くれるっていう人がいたら、そりゃ貰いたいですよ。だからみなさん、遠慮無く私にお金を送ってください。お問い合わせは筑摩書房まで。

でもね、なぜお金が欲しいんでしょう。

「そんなの決まってる！」と思う人もいるでしょう。「だって、お金があればいろんなものが買えるし」って。そうですねぇ、その通り。だけど、だとすると、ちょっと面白いことになります。というのは、「お金があればいろんなものが買える。だからお金が欲しい」ということは、実際に我々が目指しているのは、実はお金そのものじゃなくて、お金で買うものの方だっていうことになるからです。つまり、本当はお金と交換で手に入る品物、例えば食料とか衣服とかが目的であって、お金はそれを手に入れるための手段だということになります。「我々はマネーゲームが目指す目的はお金」と考えたけど、お金の本質は「目的ではなくて手段」っていうことだったのです。

ほほう！

とりあえず……、だけど汎用

もちろん、我々にとって、食料とか衣服とかの方が実用的には大事です。だけど、そういう実用品がいつ必要になるか分からない。食料なんかはなくてはならないけど、余らせても腐らせてしまうだけ。それよりも、必要なときに必要なものをすぐに手に入れたい。そのためには、いつでもそうしたものと交換できるお金がすごく便利。

そういう意味では、お金は手段ではあっても、単なる手段ではありません。「何がしたい、これが欲しい」といった目的が自分で今決められなくても、「とりあえずお金」ってことになる。悪く言えば、「無難なものとして、とりあえず確保しておこうか」となるのがお金です。それ自体は何の使い道もないのに他の何にでもなれる。つまり、お金はものすごく汎用性が高いのです。

しかもお金には、もう一つの大きな利点があります。それが量であって、非常にはっきりしていることです。「一〇〇円と一〇〇〇円では、一〇倍だな」とか、「一万円と五万円を足すと六万円」とか。

この二つの特徴があるために、お金は、他のもの全ての価値を計れます。そりゃもう、何でも計れて値段が付きます。人間だって値段が付く。だから、怖いドラマとかマンガでは、人間が臓器を抜き取られて売られたりとか、そういうことになっちゃう。

あらゆるものになることができる。あらゆるものの価値を計れる。……ん？　そう、これは昔だったら、神様の役割だったのです。

お金と神様

前の章で見たように、宗教は大がかりなだけに、信じない人にとってはものすごくうさんくさく、しかも、面倒で不自由なものに思えます。それに比べると、現代のマネーゲーム的なものは？

神や宗教がうさんくさいなんて言うと、宗教を信じている人は「言ってはいけないことを言ったな！」と怒るかもしれませんが、だって、実際、神様なんて見たり触ったりできないし、「そんなものは信じられない」という人がいても不思議じゃないでしょう？　「お金と神を比べるなんて、不謹慎な」と言われるかもしれません。だけど、実によく似ているのです。

神様は（もしいるのだとすれば）、全知全能で無限で広大無辺で、遍在する……、というように、伝統的にいろんな性質が考えられてきました。細かいところは省くと、ともかく、至るところであらゆるものに関わるということです。

それと同じように（？）、お金も至るところで働きます。何かものを買う、サービスを受ける、交通手段を使って移動する、ご飯を食べる、医者に行く、学ぶ、楽しむ、……。数え上げていくと、もういろんな場合にお金を使うわけです。もういっそのこと、どんな場合にもお金が関わっている、と言いたくなるくらい。

神様もお金も、同じように遍在的（ユビキタス）。

必要な手段と十分な目的

宗教の場合、「今まさに生きるのが苦しくて宗教にすがる」という人もいるでしょうけど、より積極的に言えば、「信じれば（信じられれば）あなたは幸せになれる」ということもできます。ところが、お金は残念ながらそうではないのです。お金があれば豊かな暮らしができる？　そんな簡単な話ならいいんだけど、お金は確かに手段としては必要不可欠だけど、目的として「それがあれば十分」というものでは、やはり、ないのです。

私だってお金は欲しいです。だけどそれは、「お金は最高！　お金さえあれば」というのとは違います。

さっきも見たように、お金は何にでも取り替えられるから便利なのだけど、それ自体は意味のないものです。それは何か別のものを手に入れるための手段であって、それ自体が目的にはならないからです。

だから、「とりあえずお金があれば。ないと不便」ではあるんだけど、「ともかくお金さえあればそれで十分」ではないのです。つまり、我々はお金を目指しているように見えるけど、それは「とりあえず」であって、「まさしくそのために」お金を求めているわけではない。我々は実はお金以外のものを求めているのです。

しかしお金は、必要で汎用で、客観的に計れるといった便利なもの。だから、そこのところに気をとられて、あたかも「手段」が「目的」であるかのように、「必要」が「十分」であるかのように見えてしまう。おまけに、物だけはなくて、我々自身までもがお金で計られるようになりました。例えば、我々は「人材」という言葉を平気で使っていますが、考えてみれば、これは恐ろしい言葉です。人を（特にお金儲けのために）使える材料として捉えた言葉なわけだから。

その結果どうなったか。我々は、宗教ゲームでは、うさんくさい（かもしれない）ものに囚われてしまい、人間が神様の奴隷になってしまうのではないか、と考えました。しかし、マネーゲームでも同じこと。ここでも我々は、またしても奴隷になっているのではないか。

我々は、人生を全員参加型のゲームにするために、共通な目的を設定したらどうかと考えました。しかも宗教のような天下り式のゲームじゃなく。そのために「お金」に注目した。だけど、それで自由になったつもりでいて、実は、我々自身を縛るようなものになっている。これが現代の我々が感じる息苦しさの源かもしれません。

コラム3　唯一のゲーム？

宗教と経済。この二つは、もちろん全然違う種類のものでした。みなさんの予想と違ったかもしれませんが、宗教はゲームだけど、経済は逆にゲームではなかった。ただ、ちょっと共通するところがあります。そもそもお金と神様が似ているってこともあるけど、それと関連して、神様やお金が「唯一の価値」だと言いたがるところです。

だから、宗教の場合だったら、信者たちは布教に熱心で「他の宗教は間違ってる」と言いたがるし、マネーゲーム論者も、「お金が全て、お金があれば何でも、人の心も買える」とか「このゲームに参加しない者はその時点で負け組」的なことを言う。そして、自称「勝ち組」の人たちは、「できるだけルールは少ない方がいい、自由が大事だ」などと言いながら、実は、さらに自分たちが勝てるような都合のよいルールや仕組みを作り、他の人たちを従わせようとする。

いずれにしても、一見すると純粋そうだけど、単純で、場合によっては歪んだ考え。こういうのは他の人にとって意見の押しつけになるばかりではなくて、自分自身をも圧迫することがあります。

息苦しい、生きづらいのは、何か他のものに襲われるから、とは限りません。自分が（自分の偏った考えが）自分自身を苦しくしていることも多いのです。

ちょっとお説教臭いかもしれないですけどね、ははは。

第一六章　教育はゲームか？

教育はゲームか

振り返ってみると、けっこうあれこれと人生の場面を取り上げてきました。でも、残念ながら当然ながら、人生で起こることを全部取り上げるのは無理です。そこでここでは、我々の人生でもものすごく大きな局面を取り上げておこうと思います。「教育」です。……あれっ？　地味だったかな。でもね、後で分かりますけど、この選択には意味があるのです。だけどその前に、第一四章、第一五章をちょっと補足しておきますね。それがまた、教育の問題と無関係じゃないからです。

ゲームは一つではない

例えば、ボクシングとか空手とか、いわゆる格闘技もゲームの一種です。格闘技なんかは「力が強い方が勝つ」と思われていますが、その「力」というのは、なかなか一筋縄でいきません。一口に「力」と言っても、いろんな種類があるからです。だからこそ、格闘技にもいろんな種類がある。「足で攻撃してはいけない、手・腕だけで勝負だ」ということになるとボクシングですし、「投げる・絞める」を中心としたのが柔道です。

つまり、たとえ格闘技が力の勝負だとしても、それがルールによって成り立つゲームである以上、その力というのはルール上の「力」なのです。ボクシングというのはパンチ力で勝負、キック力は関係ない。だから、キックの強い格闘家にとってはボクシングは不利ですが、だからといって「ボクシングはずるい」とは言えません。ボクシングは単にそういうゲームなのです。だから、「ずるい！」と思うんだったら、参加しなければいいわけです。

ただし、そういう人でも参加できるように、ボクシングとは別に、キック・ボクシングとか、空手とか、テコンドーとかがある。

ここから分かるように、宗教にしろマネーゲームにしろ、唯一のゲームでなく、多くのゲームの中の一つ（正確にはマネーゲームはゲームじゃなかったけど）。つまり、さまざまなゲームがあって、それぞれのルールで勝負するのが上手な人も下手な人もいる、というだけです。そりゃ特定のゲームに参加している人は、「自分が参加しているゲームが唯一のゲームだ」と思いたい。だから宗教家は信じない人を「この不信心者め！」と罵るし、マネーゲーム論者は「参加しないヤツは負け組」と言いたがる（コラム3）。だけど、それはちょっと成り立ちにくい考えです。下手な人は他のゲームをやればいい。

　私なんか、どう考えても信心深くないしお金儲けもうまくありません。だからといって「だったらもう死ねよ」ってことにはならないでしょう？　私にもやれるゲームがあるかもしれない。

出生ガチャ

「出生ガチャ」っていう言葉をよく聞くようになりました（話がバラバラのように見えるかも知れませんけど、大丈夫、繋がります）。

「ガチャガチャ」とか言っているアレが語源なんでしょうけど、つまりは「運次第」みたいな意味ですね。生まれた環境（資産とか家柄とか出生地とか）みたいなものは運次第。だから、「出生ガチャ」（ちなみに、これに類したものに、「配属ガチャ」とか「クラス分けガチャ」とかがあります）。

　そうしたものは確かに自分で獲得したものではなく、偶然に与えられたもの。だけど、それが我々の人生に大きな影響を与えるのは間違いないので、人の本質であるかのように考えている人が今でもいます。だけど、我々人間は、長い歴史、果てしない時間をかけて、そうした考えから自由になってきました。まだそれでも途中ですけど、人間一人ひとりの価値は、そうした「出生ガチャ」で決まるものではない、という考え方が定着してきました。

だから、ガチャに左右されないで、それぞれの人がちゃんと生きられるような機会が公平に与えられるような仕組みを作らなければならないわけです。では、具体的にどうしたらいいか。

全体としてできるだけ公平にするためには、さっき確認したように、一種類のゲームじゃだめです。いろんなルールのさまざまなゲームがあって、それらに参加する機会が一人ひとりに与えられねばなりません。「腕力が全て」とか、「経済的な競争こそ人間の本質」といった狭い考え方では、一部の人しか生きられません。我々人間の世界を、一つのゲームだけにすることはできないのです。だって、我々に与えられる力は、そもそも不平等でランダムなものだから（つまり「出生ガチャ」）、もしゲームを一つだけにしちゃうと、不公平が完全に固定してしまうからです。例えば、人生で大事なものが得られるかどうかを、ボクシングの勝負で全部決めるわけにはいかないでしょう？　恋人ができるかどうか、いい家に住めるかどうか、ご飯がちゃんと食べられるかどうか、それもこれもみんなボクシングの強さで決まる。そんなことになったら、得意な人以外はそれこそ悪夢です。マンガだったら笑えるかもしれないけど、これが現実だったら目も当てられません。同じように、数学のテストの点数だけで決めるわけにもいかないし、お金の稼ぎ方の上手さだけで決めるわけにもいかないのです。

教育はゲームではない

もちろん、自分を中心に考えれば、自分の得意なもので勝負したい。それ自体は自然な思い。だけど、「みんながオレの得意なもので勝負しろ」はワガママというもの。それに、実際的に考えてみれば分かりますが、社会を一つの価値観だけで組み立てるなんてことは、大昔だったらまだしも、現代では不可能……。

さて、遠回りしましたが、この章のテーマは「教育はゲームか」でした。考えてみましょう。

まずはゲームの条件［1］、つまり目的です。ふむ。当てはまらなさそう。というのは、さっき見たように、我々の世界では、「目的は多様だ」というのがベースなので、教育の目的を一つにすることは難しいからです。

もちろん、昔の教育には明確な目的がありました。おそらく世界最古の本格的な教育論はプラトンの『国家』という本です。その一番のテーマはタイトル通り国家、政治です。それでなんで中身が教育論なのかと言うと、「国家を指導する政治家をどう育てるか」が大事だとプラトンが考えたからです。そう、「国を指導できる人を作ること」、これがプラトンの考える教育の目的なのです。あるいは、ヨーロッパ中世だったら、教育の目的は立派なキリスト教信者を作ることでした。もう細かく書きませんけど、こうしてみると、時代によって、社会のあり方によって、教育の目的とする理想的な人間像は変化してきたわけです。

だったら、現代の社会では「現代の理想的な人間像」が教育の目的になる？　「会社に役立つような立派な人材を作る」とか？　いや、そんなふうに勘違いしている人は多いけど、実はそうじゃないのです。「理想的な人間像の変化にともなって教育の目的が変化するってのがそもそもおかしい」という反省から現代の教育は始まっています。つまり、「理想的な人間像なんて、画一的に決められないよね」というのが現代の教育の大前提なのです。

だから、教育に関しては、ゲームの条件［1］が当てはまらないということになります。そういう意味では、教育はゲームにはならない。

役に立たない教育？

実は私は、哲学や倫理学の講義の他に、教育に関する授業もやっています。そうした授業で感想を書いてもらうと、非常によく出てくる疑問があります。「僕は法学部の学生ですが、因数分解なんかどこで使うか分かりません。なんであんなの教えてるんですか」とか、「世界史に出てくるカタカナの人名を覚えるのが苦手。なんであんなもの覚えなくちゃいけないのか」とか。しばらく前も、有名なミュージシャンの人が「漢文なんて役に立たない、学校で教えなくてもいい」というようなツイートをして炎上してました。

ふむ。「いや、数学も大事」とか「漢文も役立つ」とかいうのは事実で、そういう説明をするのは実は簡単なんです。例えば、「因数分解なんか大人になって使わない」は間違いです。だって、因数分解を使う大人は確実にいるからです。「漢文なんか役立たない」も「歴史なんか意味がない」も間違いです。実際に役立っています。だから、こうした不満はもちろん間違っているのですが、その間違いには、根本的な理由があるのです。

そもそも、「数学なんか要らないんじゃないか」という判断は、数学を教えられていなければ起こってこないでしょう？　つまり、そうした判断が正しいものであれ間違ったものであれ、そのような判断をできるようになっていること自体が、教育の結果なのです……。ええっ？

上のような不満の持ち主が本当に言いたいのは、「数学なんか役に立たない」ではなくて、「自分はそれには興味がない」ということなのです。だけど、考えてみてください。その「自分」ってどうやってできてきたか。それは、親や保護者に育てられ、教育を受けた結果です。教育も何も受けない状態だったら、そもそもそんな判断もできないし、不満も言えないからね。「歴史なんて意味がない！」と言えるためにも、歴史を知ってないといけません。つまり、「〜なんか役立たない」と主張する人は、すでに「〜の知識を直接使わないでやれるゲーム」に参加しているからです。そういうゲームに参加できるまでに、「自分」というものが出来上がっているわけです。

もちろん、その人がそこまで成長する元になっているものはあるでしょう。生まれもっての体質とか能力とか。だけど、そうしたものも、教育なしには働きません。そして、その人が自分自身の能力や得意な面を発揮していくためには、いろんな知識に触れなければなりません。だって、そうしたものに触れなかったら、自分に何ができるか、何ができなくて、何に興味があるのか（ないのか）も分からないからです。

この本を読んでいるみなさんも、もうすでに「自分」をもっています。だからかえって分かりにくくなっているのですが、その「自分」は、最初からあるわけじゃありません。いろんな知識をいろんな形で学びながら、徐々に「自分」というのは出来上がってくる。そして、それぞれにさまざまな興味や関心や能力を開花させた「自分」たちが、いろんなゲームに参加する。

教育の役割、意味

我々が生きる社会にはいろんなゲームがあります。だから教育を受けていなければ、自分がどんなゲームに参加したらいいかも分からない。っていうか、教育がなかったら、そもそも「自分」もなければ、社会にいろんなゲームがあるんだということすら知らないまま。

それに、昔はそれこそ「出生ガチャ」によって、「この子どもはこういう身分の子」っていうふうに決まっていましたから、自分の参加したくないゲームに参加させられることもあったし、不公平でした。だけど、そうした不公平を均して、最低限の条件は同じにする。我々のそれぞれが出生時に与えられた境遇から自由になれる準備をする。

そう、もし教育に目的があるというのなら、そうした準備こそが教育の目的なのです。

ただし、教育の仕方、つまりルールやマニュアルも一つではないから、ゲームの条件

［2］も当てはまらない。それにそもそも我々は、自発的に生まれたのではないように（第一三章）、教育に自発的に参加することもない（！）。つまり、ゲームの条件［3］も満たさない。だから、結論として、やはり教育はゲームではないことになります。

コラム4 「自分ゲーム」を作る

自分だけのゲームを作る？

まぁ、だいだい以上の本文で書いたようなのが、おとなしい見方です。だけど、パートⅣ以降の我々は「〜はゲームか」というだけではなくて、「ゲームにする、ゲームを作る」という観点も採ったわけです。そうしてみると、さっきから見ているように、「教育を通して社会的な常識を身につけながら、社会が用意しているさまざまなゲームのどれが自分に合うのかを探す」というだけではなくて、もう思い切って、自分で勝手にゲームを作っちゃう、ということもできるかもしれません。

第一四章、第一五章では、一つの目的、共通なルールの下で競う、というタイプのゲームを作ることを考えました。しかしもう一つのやり方がありそうです。［1］設定された目的が何であれ、［2］その実現を困難にする一定の制限（つまりルール）のもとで、困難に打ち勝って自分の力を発揮する。そのときに、他の人と競うというより、自分で（一人で）自分なりの目的を定めて、個人用のゲームを作ることです。

「自分ゲーム」をする難しさ

ゲームには、目的とルールが必要だった。だから、自分でやりたいこと（つまり目的）を見つけ、そして、それを成し遂げるのを制限するルールを独自に設定すれば、自分だけのゲームを作ることもできる。ただ、もちろんこれは、かなり難しいです。しかも、その難しさは二重です。

例えば、「部屋の隅にあるゴミ箱にゴミを入れる」というのだって、それを目的にして、ルールを設定すれば、ゲームになる。みなさんもやったことないですかね、例えば、「ゴミ箱にゴミを入れるとき、今座っている椅子から立ってはいけない」とか。

しかし……。まずゲームの条件［1］である目的。なんせ自分用のゲームなんだから、ここには「自分のやりたいこと」を入れればいい。でもそうなると「ゴミ箱にゴミを入れる」程度のものじゃ物足りない。「自分の人生でこれだけは成し遂げたい」と思うようなものにしたい。だけど、そうなるとこれを見つけるのはなかなか難しい。だから前に見たように、「とりあえずお金か」ということになって、結局は他の人と同じようなゲームに巻き込まれることになってしまう（実は私は、これも決して悪いことじゃないと思っていますが……）。そして、それにそもそも、自分が何をやりたいのかを明確にするのもなかなか難しいものです。

それに条件［2］のルールですが、たとえ独自のルールを作ったとしても、「自分（だけ）がそれに従う」っていうのは、思うほど簡単じゃありません。と言うか、はっきり言って至難の業、実はものすごく難しいのです。

例えば、「石畳の石を一つおきに踏んで歩く」とか、私も気づくとそういうゲームをしていることがあります。でも、やっていると、「あっ、失敗しちゃったから今のはなし、ノーカン」とか、「いや、これはルールがおかしかった、だから、別なルールにしよう」とかいうことになって、結局はルールがあるんだかないんだか、分からない状態になる。ね、案外難しいでしょう？

ゲームを生み出す?

だけど、こういうのもないわけじゃない。例えば、音楽や芸術の場合です。音楽家や芸術家は、何かを表現しようとする。これが条件［1］、目的に相当します。そして、自分の中にあるものを、できるだけ忠実に、というのが条件［2］、ルールです。中には「自分の中にあるものを表現するわけだから、自由にできるはず」と思う人がいるかもしれません。だけど、実はこれはかなり難しい。

そうですねえ、みなさんも感じたことがあるんじゃないですか。「何か言いたいことがあるんだけど、それがうまく表現できない」というようなこと。もちろん、我々凡人なら、思った通りに表現できたとしても、特に新しいことでもクリエイティブなことでもなかったりします。だけど、オリジナルなものを創造する力がある芸術家なら、それは既存のやり方では足りないわけです。だから、それを表現するためには、自分なりの道を開発しなければならない。だから難しい。

しかし、これはもう「ゲームをする」、「既存のゲームに参加する」ではなく、「ゲームを新たに生み出す」っていうことです。難しいけど、その分だけ大きな意味があります。それは、共通な目的とルールで固められたゲームで人と競うことではなく、そうした他の人との比較を超えて、自分自身の力を発揮すること（第八章）だからです。

確かに我々人間の人生は、不確定だった。おかげで辛いところもある。だけどそこには、新たなものを創造する可能性があるとも考えられるのです。

第一七章　恋愛はゲームか？

恋愛はゲームか

「～はゲームか」の「～」に何を入れる？

そう聞くと、わりあいよく出てくるのが、「恋愛はゲームか」です。

そうですねぇ、例えば「ラブ・ゲーム」なんていう言葉もありますしね。テニスで言う「ラブ・ゲーム」と混同されている可能性もあるけど、「恋愛ゲーム」、「愛のゲーム」という意味でも、ドラマや歌で使われたりするし、「恋愛には駆け引きがあるので、ゲームっぽい」と思う人もいる。ふむふむ。

ちょっと考えてみましょう。

恋愛の目的？

さっそく条件［1］から。恋愛では「目的」みたいなものは決まっているでしょうか。決まっているとすれば、それは何？

もっともよく出てくるのは、「結婚」。ラブ・ゲーム論者の人（これって「マネーゲーム論者」よりもっと恥ずかしいかも……）は、もう最初から「恋愛の目的は結婚なので」と書いてくることも多いです。だけど、これはどうもねぇ。だって、恋愛して、付き合って、時間が経ってからなら、「そろそろ結婚しようか」ってこともあるかもしれないけど、それは結果であって、最初から「結婚のために恋愛するぞ」って、あまりないんじゃないですかね。

もちろん、そういう人だっているだろうけど、少なくとも、恋愛する人みんながみんな、最初から結婚を目指しているとは言えない。

では、他には？「付き合うのが目的だと思う」とかって言う人もいますけど、これもどうかなあ。そりゃあ、「好きな人と付き合いたい」と思った瞬間からを「恋愛」と呼ぶんだったら、なんだかんだあって、「やった！付き合えた！」っていうところまで行けば、それがゴールということになるでしょうけど、「付き合いたい」と思っているのは、いわば「片思い」の状態なのであって、まだ「恋愛」じゃなくないですか？

他にも、ずばり「セックスが目的」と書いてくる人もいますけど、まぁ、これも成り立ちそうにない。例えば、病気とかでどっちかが性行為できなくても二人は愛し合っている、といった場合もあるだろうし（難病もののドラマとかで、ものすごくよく描かれるヤツ）。

他にも候補は挙げられるだろうけど、どうも「恋愛する人が共通に抱く目的」みたいなものがあるわけではなさそう。

恋愛のルール?

だとすると、もうこれで「恋愛はゲームか」の答えは出ちゃった。つまり、結論、恋愛はゲームではない。以上。

だけど、ついでだからもう一つの条件も見ておきましょう。恋愛には、ゲームで言うルール的なものはあるでしょうか。

よく出てくるのは「相手を殺すのはダメだと思う」という意見なんですが……。そう、前も出てきました(第六章)。これは人としてのルールというか、法律にもなっているわけで、別に恋愛のルールじゃないのです。

問題は恋愛特有のルール、つまり、「そのルールがあることによって恋愛がちゃんと恋愛になっている」というようなのがあるかどうか。そこで改めて尋ねてみると出てくるのが、「浮気はいけないと思います」というヤツです。なるほど、これは恋愛で大事な点。相手に浮気されたら、そりゃいやでしょう。だから私の方でも浮気しちゃいけない。

ははは！　不正解！　だってね、多くの人は確かにそうだろうと思うんですけど、中には「いや、相手が浮気していたって構わない」という人がないとは言えないでしょう？「いや、それってもう変態じゃん。マゾかよ！」と思う人もいるかもしれませんし私も実際よく分かりませんけど、けどね、ここが大事なところですが、恋愛って本当にいろんな形があるんじゃないかと思えるわけです。

いわゆる「浮気」だって、「もう絶対に許せない」という人もいるでしょうけど、「少しくらいは許せる、それより相手のことが大事」という人もいれば、ものすごく極端な場合だったら、「いくら浮気しても、相手が自分のことを愛してくれているのならオッケー」という人もいる。

まあ「どこからが浮気か」っていう問題もないわけではないけど、それは置くとして、こうしてみるとやっぱり、恋愛には決まったルールがあるとは言えないってことが分かります。

っていうか、極端なことを言うかもしれませんけど、ひょっとすると恋愛は、戦争なんかよりももっと「何でもありのルールなし」と思えるところがあります（ふふふ）。

恋愛はゲームではない

だから、恋愛はやっぱりゲームではない。これが結論です。というか、ゲームにとって必須の条件が、恋愛の場合には二つともなかったわけだから、恋愛はものすごくはっきりとゲームじゃないことが分かります。

第九章で見たように、我々のすることは、(A)「目的もルールもあり」、(B)「目的ありでルールなし」、(C)「目的なしでルールあり」、(D)「目的もルールもなし」の四つに区別できました。で、(D)に入る代表的なものが恋愛、ということになります。

「恋愛＝状態」説

しかし、みなさんの中には鋭い人がいるもので、他にもこんな考えが出てくることがあります。

なるほど、ゲームと対比してみると、恋愛は目的もルールもないように思える。厳密に言うと、「ない」というより、定まっていない。だけど、「目的もルールもないようなもの、人間は果たして、そんなことをわざわざするだろうか?」というのです。もっとざっくばらんに言うと、「何を目指すか、どうやるかも分からないようなものは、そもそもやれないじゃん?」というのです。

ふむふむ。なるほどねぇ。

というのはね、我々は最初に、ゲームとは人間がやること、活動だと考えたじゃないですか。だから、何かやるんだったら目的もあるだろうし、そのためのやり方もあるだろう、ってことになる。だけど、目的もなければやり方も決まっていない。そんなものはもう活動とも言えないんじゃないか、というわけです。

では、恋愛が「活動」じゃないとすると、何と言えばいいか。授業で出てきたのは、「状態?……かなあ」という意見でした。うん、悪くないですね。実際、考えてみれば、恋愛って、「よし、恋愛するぞ」っていうのでやるもんじゃない気がします。「恋に落ちる」、「フォーリンラブ」なんていう言葉もありますけど、「よし恋に落ちよう」と決心してから、よっこらせっという形で恋に落ちるわけじゃない気がします。むしろもう、「気づいたら恋に落ちていた」ということなのではないか。

だとすると、ゲーム=活動と、恋愛=状態では、そもそも比較するようなものではなかった?

「恋愛＝ギャルゲー」説

しかし、それとはまた違った考えが出てくることがあります。

例えば、私が昔やったことがあるので言うと、『ときめきメモリアル』とか、今だったらどんなのがあるんでしょうか、いわゆる「恋愛シミュレーション・ゲーム」みたいなの。今は「ギャルゲー」と呼ぶ方が一般的かもしれません。

『ときメモ』だと藤崎詩織ちゃん（懐かしい！）というメインのヒロインがいて、他にもいろんな女の子がいて、あれこれと高校生活をすごすんですが、最後、卒業のときに女の子に呼び出されて告白されるわけです。その相手が詩織ちゃんだったら成功。それがこのゲームの「目的」です（でも、詩織ちゃんはなかなか相手にしてくれなくて、別な女の子が告白してきたりとかになったりします）。で、プレイ中は、いろんな女の子とデートしたり、プレゼントしたり、勉強もするとか（成績もキープしないと、詩織ちゃんはこっちを向いてくれないのです）、そういうコマンドがあります。というか、そういうふうに何が、、、、できるかが決まっています。つまりルールですね。だから「ゲーム」になるわけです。

それと同じように、現実でも、「美人」だか「いい女」だか知りませんけど、ターゲットにした女性を「落とす」ことをゲームのように行うことができるのではないか、というわけです（いわゆる「ナンパ」とか？）。

うん、分からなくありません。そういう場合だったら、目的というかゴールは決まっているし、それには「落としのテクニック」があるとか、「恋愛のマニュアル」みたいのとか、そんな話になります。そうなると、確かにこれはゲームだってことになりそう。

だけどね、そもそもこういうのって「恋愛」なのかどうか、ちょっと疑問です。

というのは、ここでは、相手は（ちょっと美人であったり目立ったりすれば）誰でもいいわけです。極端な人になると、「オレは三〇人の女を落とした」とか「私は一〇〇人斬りよ」とか、そんなことになると、もう相手は人ですらなくて、単なる数です。

「恋愛＝状態」説の検討

私はさっきの意見、いわば「恋愛＝状態」説も面白い見方だと思うし、今見た「恋愛＝ゲーム」説が出てくるのも分かりますけど、だけど、こう考えられると思います。

まず「恋愛＝状態」説について言うと、「気づいていたら恋に落ちていた」というのは、自分の中にある恋愛感情についてのものじゃないか、ということです。つまり、相手が自分の気持ちに気づいていなくても、それでも相手に対して自分がこういう気持ちをもっているんだ、と。これは確かに状態っていうか、そういう状態になっていることに気づくってことですけど、いずれにせよそれは、自分の中だけのこと。

なるほど「気づいてたら恋をしていた」ってことはある。だけど、「気づいたら付き合っていた」っていうのは、言葉の綾としてはあっても、実際にはそんなことはないんじゃないですか。つまり、相手がある場合には、やはり何かのアクションがあって、それで「恋愛」が始まる。

そう考えると、さっきの「恋愛＝状態」説は、「恋愛」っていうものを、いわば自分一人だけのこと（自分の中の感情）と考えていることになります。そして、「恋愛」を、他の人との関係だと考えるなら、この説は成り立たないことになります。

「恋愛＝ギャルゲー」説の検討

次は「恋愛＝ギャルゲー」説。

もし、相手がどんなものか、その性質とか作用の仕方とか、そういうものが全部分かっているのなら、そうした相手に対しては技術が使えます。これは相手が物である場合にはとても有効。ちゃんと技術を使えば、相手＝物を自分の思いのままに操れる。

だけど、相手が人となると、それとちょっと違います。相手も「私」と同じように、でも、「私」とは違ったことを思い、独自の意志をもっています。いや、おそらくそうだと思うけど、なんせ自分とは違った別な人だから、相手が何を考えているかまでは分からない。だから、自分の思うように相手を操ることは当然、難しくなります。

つまり、「恋愛＝ギャルゲー」説も「恋愛＝状態」説と同じで、恋愛を自分の中だけのことと捉えているんじゃないかと思えるわけです。

逆に言うと、我々が「恋愛」と考えているのは、そう、ふたりの人の間に生じる恋愛なのです。

恋愛への意志

「恋愛」は単なる状態ではない。そこにはやっぱり何かアクションがあるはず。そうですよね、そうじゃないと、つまり、私一人が心の中で思っているだけでは、何も始まらない。

もちろん、「恋愛」ってものが始まったとしても、さっき見たように、そこでは目指すべき終わり、目的みたいなものが最初から決まっているわけではないし、確固としたルールが定められているわけでもない。「付き合ってください！」とか「私はあなたを愛しています」

の告白とか、そういうのがあって、そこから「恋愛」が始まって、でもそのときにはまだ何、い、い、も決まってない。

　だけど、実はそこからやがて、二人の間にはこの二人なりに、目的やルールみたいなものが生まれてくるのではないでしょうか。そこで生まれてくる目的やルールも「恋愛だったら必ずこうなる」ってものがあるわけではないだろうと思います。だけど、だから、今恋愛を始めた二人は、この二人独自の目的やルールを新しく作り出していく。

　だから恋愛は、一人ゲームでないのはもちろん、対戦型ゲームみたいなものでもありません。対戦型ゲームなら、私と対戦相手は敵同士だけど、少なくともお互いに共通のルールがあります。それに対して恋愛の場合、ルールが共通かどうか分かりません。いや、そもそもルールがあるのかどうかすら分からない。

　そういう意味で言えば、恋愛は、我々の人生の中でも、決してゲーム化することのできない、代表的なものの一つだと言えるかもしれません。

　そう、だから恋愛はいろんな形があるし、常に新しい。文学やマンガ、映画なんかで飽きもせずにくり返しくり返し描かれてきているのも、まさしくそのためなのです。

自分たちが作っていく

こんなに相手のことが好きなのに、相手の考えていること、気持ちが分からない……。気持ちの伝え方、愛し方だって決まってない。「恋愛のテクニック」とか「マニュアル」みたいなのを教えてくれる人や本もありますけど、残念ながらそういうのは一人ゲーム（オナニー）にしかならない。恋愛には相手があって、相手は物じゃないから。

どうにもはがゆい。なんていうか、「恋はこんなにもどかしい！」と言いたくなるような。「もう！　何とかならないの？」と思っちゃう。だけど、ひょっとすると、恋愛とはそもそも、こういうものなのかもしれない。テクニックやマニュアルで何とかなるようなら、それはまだゲームだけど、恋愛はやっぱりゲームではない。

だけど、だから面白いっていうか、それだからこそ恋愛は我々にとって大事なのかもしれません。それは、行き先が決まっていて、ルールも分かっていて、だから先が見通せて、おまけにどうやって攻略すればいいのかも分かっているようなものではない。自分たちで手探りで進んでいくしかない。だけど、それだけに、自分たち自身で作っていくもの、常に新しいものです。

そういう意味で言えば、恋愛は、コラム4の終わりで見たように、音楽や芸術の創造のようなものだと考えることができるかもしれません。

だけど恋愛の場合、その新しさは、芸術なんかの場合のように、「自分で新しいものを発明する、創造する」というのとも違います。それだったら、自分で一生懸命考えて作り出すことができるかもしれない。もちろん、難しいし、だから芸術家は生みの苦しみを味わうわけでしょうけど、自分の中にあるものを表現することができます（そして、もちろん、それだって凄いことだけど）。だけど恋愛は、私一人が作り出すものではありません。それは二人の間に生み出されるものだからです。

コラム5　始めに不一致ありき

恋愛や結婚の理由として、「価値観の一致」を挙げる人たちがいますね。だけど、これはどうかなぁ。もちろん、何か共通なところがあるから知り合いになったんだろうとは思うけど、でも、むしろ、「二人の間の共通なルールがある」って前提しない方がいいかもしれません。そう前提してしまうと、「お前は共通のルールに従っていない！」と言って、一方的に相手を非難することになりかねないからです。自分はそれを「当たり前」だと思う。だから、相手がそのルールから外れたことをすると「お前が悪い！」となってしまいがち。だけど、それは「私にとっての当たり前」ではあっても、「君にとっても当たり前」かどうか分からないからです。

もちろん「黙っていても分かってもらえる」ということになれば都合がいい。実際、そういう嬉しいときもあるでしょう。だけど、それがいつもだとは思わない方がいいんじゃないかと思います。

離婚するカップルが「性格の不一致」、「価値観の不一致」を理由にすることがありますが、変な言い方です。だって、二人の人間がいれば価値観や性格が違っていて当然だからです。それが始めから一致していると考える方が錯覚なのです。

だから、むしろ、いろんな不一致は元々あると思っておく方が、後で揉めない。そして、その上で、一致できるようにしていく。ただ、そのためには時間がかかります。大げさに言えば、二人の歩んだ時間は、いわば、二人の作る歴史のようなものなのです。

しかし、その歴史は私だけのものではないだけに、あらかじめ見通せるもの、はじめから安心できるようなものではありません（それこそゲームじゃないんだから？）。それは確かに不確定なところがあります。だけど、だからこそそれは、我々自身の生きた証となる。

――そういう意味では恋愛はゲームのように用意されたものではなく、創り出すもの、しかも、一人で作るものではなく、我々が常に新しく創ってゆくものだということなのです。

あとがき

さて、結論というほどのものはないです。結論だけ取り出すとすると、「やっぱり人生はゲームじゃない」っていうことになるだろうけど、「これが結論です！」と言ったら、みんな「うん、それは知ってた！」って言うんじゃないかと思うわけです。

だから？　そう、だから、大事なのは、その根拠というか前提というか、それがあって、この結論がある、という流れそのもの。

で、この本ではまず「人生はゲームか」問題を考えたわけですが、そのためには、「そもそもゲームとは何か」が問題になるっていうんで、ゲームの中身を考えた。で、大雑把に言えば「ルールやマニュアル」と「目的、終わり」っていう二つの必須条件が見つかった。これを踏まえて「人生はゲームか」に答えを出しました（パートI）。

で、その結論自体は平凡なものだったかもしれないけど、こうしたプロセスを通ることで、「人生はゲームじゃない」ということがはっきりと分かりました。逆に言うと、「うん、そんなのはじめから知ってた」って言う人は、実は、本当の意味で「知っていた」ことにならないのが分かります。逆に、確実に分かったことがあれば、その足りないところを補ったり、場合によっては修正したりもできるのでしたね（パートⅡ）。

そして、はっきり分かったことがあれば、それを土台にして、次には新しいことを考えることもできるのでした。ここでは、「ゲームとは何か」が分かったんで、そこから、「人生とはどんなものか」も考えました（パートⅢ）。

最後に、今までの全部を踏まえて、「じゃあどうするか」ってことを考えたのでした（パートⅣ）。ただし、パートⅠからパートⅣまで、順々に積み重ねて来ているし、次第に話題は広がったので、正直言って、上の階に行けば行くほど横に広がった不安定な建物みたい。だから、後半部分は、みなさんに補足や修正をして貰う（もら）のがいいと思います。

実際のところは、最初の方でも細かい疑問が出るかもしれません。例えば、「『どうぶつの森』や『マインクラフト』のように、目的のないゲームもあるのでは？」とか。でも、こういうのは本文に書いたことから自然に答えが出てくると思ったので、省きました。

ここまでやれたので、一応本書はこれで終わり。だけど、この後も続けることはできるわけです。しかも、今度は、上へ積み重ねる、横に広げるというのじゃなくて、掘り下げることもできます。例えば、ゲームの中身として「ルール」と「目的」っていう二つが見つかった。我々が最初に問題にしたのは「ゲーム」だったけど、今度はその中身である「ルール」と「目的」それぞれについて突っ込んで考えることができます。

この本では、それらについては考えを深めませんでしたけど、それでも第一二章でルールについて少し考えました。ここのところをもっと突っ込んで考えることもできます。「倫理的な規範は合理的な理由があるもの」としておきましたけど、「合理的な理由って何か」と改めて考えることもできるでしょう?

また、コラム4では「自分で作ったルールに従う」ってのを考えましたけど、これも掘り下げて考えられます。例えば、「そもそも、「ルールに従う」ってどういうことなのか?」と考えることができるからです。恋愛について考えたときに、そういう問題の入り口まで行きました。二人の人間がいれば、それぞれに思い描いているルールが違う。だから例えば、私は連れ合いといっしょに暮らし始めて、もうね、ひんぱんに「それ違う!」と言われました。「それはルールに従ってない!」というようなことを言われるわけですが、なぜ自分がルールに従っていないのか、まったく分からない。というか、「そんなところにルールなんかある?」とか思っちゃう。だからね、哲学的にも、実生活的にも、私なんか「ルールに従うってどういうこと?」と切実に考えていたわけです。はは。

たぶんですけど、「もっと深く、もっと突っ込んで」という面を見ると、「やっぱり哲学って答えがないんだな」と思ってしまう人もいるだろうと思います。だけど、そうじゃなくて、例えば「人生はゲームか」については一定の答えが出せたわけです。ただ、たとえ答えが出せたとしても、その上で、「もっと先まで、もっと広く」、あるいは、「もっと深く、もっと突っ込んで」っていうのも可能だってことです。それは「答えがない」というのとはまったく違ってて、言うんだったら、「哲学には終わりがない」と言った方がいい。区切り区切りで、一定の答えを出すことはできる。だけど、それをさらに広げたり掘り下げることもできる。そういう意味では、終わりがない、いつまでも続けられる(楽しい!)。

ふふっ。そうなんです、気づいている人は気づいているんじゃないか思うのですが、哲学は明らかにゲームじゃないのです。そして、哲学のわかりにくさはここから改めて理解できます。科学の場合、やり方のルールも決まっているし、目指すところも見えている(本当はそんな単純じゃないけど)。だから、科学はゲームか、少なくともゲームに近い何かです。だけど哲学はゲームではない。学問である以上、「論理に従うべし」といった基本ルールはあるけど、どこへ行き着くのか、それが哲学者たち自身にも見えているとは限らない。

そう、だとすれば、実は、哲学と人生は非常に似ていることが分かります。哲学も人生も、ルールはないわけではないけど、何を目指すべきなのか、どうなればいいのか、つまり目的＝終わりが最初から分かっているわけではない。

そう考えれば、我々は、いわゆる「哲学」をしているつもりはなくても、生きているだけで、ある種の仕方で哲学しているとも言える……。

もちろん、これを結論にするためには、またもう少し考えなければならないところもあるでしょう。実はそのためにもう一章分を書いたのです。あまり大きな本にしたくないと思って削ってしまいましたけど。それに、もうある程度の材料は示せたかなと思います。だから、後はみなさんにお任せすることにして、この本はここまで。

縁があれば、またどこかでお会いしましょう。それでは！


最後に、ちくまプリマー新書に誘ってくださって、（コロナに罹(かか)りながら！）原稿を読んでくださった筑摩書房の方便凌さんにお礼を。ありがとうございました。

読書案内

小さな本だけど、これを書くのには多くの哲学者のアイディアを取り入れています。例えば、第一三章で出てきた、「頼んだわけでもないのに生まれてしまっている」というのにも名前が付いていています。「被投性」って言うのですが（つまり「この世界に投げ出された」ってことですね）、これなんかはハイデガーの用語。他にも、全部は挙げませんけど、例えば、目的の内在／外在（第八章）はアリストテレス、「死は経験できない」（第一〇章）はエピクロス、「自分で作った規則に従う」（第一六章）はヴィトゲンシュタインの考えをラフに参考にしてます。

その他、比較的手に取りやすい参考文献を挙げておきます。ごめんなさい、まず私自身の。

◎平尾昌宏［2013］『愛とか正義とか――手とり足とり！　哲学・倫理学教室』萌書房
◎平尾昌宏［2018］『哲学、する？』萌書房
◎平尾昌宏［2019］『ふだんづかいの倫理学』晶文社

んですけど）。

「ゲームとは何か」問題を取り上げたのが前の二冊で、「人生」について論じたのが、三冊目です。もう、一家に一冊、一人一冊もっていてもらいたいと思うほどです（いや、本気なんですけど）。

で、ゲームについてはひとまず一段落、と思っていたところに、お友達の三浦亮太さんに教えてもらったのが、次の本。

◎バーナード・スーツ（川谷茂樹、山田貴裕訳）[2015]『キリギリスの哲学──ゲームプレイと理想の人生』ナカニシヤ出版

これのおかげで、この本も書けた（書かなければならなくなった）ので、三浦さんにはお礼を。実際、ゲーム論、特に哲学的なゲーム論に関心のある人に一番のお勧めなのは、やはりこの本。特にパートⅡは、私なりにアレンジしてありますが、議論の骨格はこの本を参考にしました。

奇抜な思考実験がばんばん登場して、非常に面白い。しかも、哲学の王道を行く内容です。スーツさんは生涯にこの一冊しか書かなかったというのもカッコいい。

◎川谷茂樹［2012］「〈人生〉がゲームであるという可能性について」『学園論集』一五一号

スーツさんの本の翻訳者・川谷さんの、「人生はゲームである」論を突き詰めた論文。非常に面白いです。川谷さんはまだ若くして亡くなってしまいました。とても残念です。会って話してみたかったです。

本書を書くために参考にしたのは以上ですが、原稿を一通り書いてから読んだ本もあるので、いくつか紹介します。

◎林芳紀・伊吹友秀・KEITO［2021］『マンガで学ぶスポーツ倫理』化学同人

スーツさんの考えは「スポーツ哲学、スポーツ倫理」という分野で発展させられています。川谷さんも『スポーツ倫理学講義』という本を書いています。ここでは、コンパクトによくまとまった最新の入門書としてこれを挙げておきます。

◎架神恭介・至道流星［2017］『リアル人生ゲーム完全攻略本』ちくまプリマー新書

人生とゲームを区別した本書と違って、「人生＝ゲーム」という前提で話が進む小説。本書の第一四章の内容と少し重なります。というのは、神が『人生』という名前のゲームを作っていたら、「クソゲーだ」と苦情が多いので、「説明書」を作ってみたところ（第一部）、今度はプレイヤーたちが勝手に攻略本を作ってしまい（第二部）……というものだからです。

◎ジェイン・マクゴニガル（妹尾堅一郎監修）［2011］『幸せな未来は「ゲーム」が創る』早川書房

「ゲームにする、ゲームを作る」というテーマに関してはこれ。著者は「代替現実ゲーム（オルタネート・リアリティ）」の専門家。「現実をよりよいものにするためゲーム化する」という発想は本書でも取り上げました（一方、現実をゲーム化することの難しさも本書では見たわけですが）。理論的な考察は弱いですが、具体的な事例が豊富に挙げられているのは参考になります。

◎JUNZO［2015］『人生ドラクエ化マニュアル』ワニブックス

世界とか社会とかといった大きな話じゃなくて、自分の生活をゲームにする、という観点から書かれたものとしてこれを。ゲーム一般ではなく「ドラクエ」限定の議論ですが、読んでいて楽しいです（その続編も出てます）。

◎James Carse［1986］, *Finite and Infinite Games, A Vision of Life as Play and Possibility*, Free Press, Ballantine Books

宗教文学が専門のカースさんですが、いちばんよく知られている著作はこの本だと思います。カースさんが「有限ゲーム」と呼ぶのがいわゆる「ゲーム」で、「無限ゲーム」は世界そのものというか、人生というか。だから、本書とは考え方がずいぶん違うのですが、「ゲーム」という概念を軸にした世界観を示したものとして非常に興味深いです。アメリカでは、これをビジネス書に応用した本が大ベストセラーになっています。

◎ケイティ・サレン、エリック・ジマーマン（山本貴光訳）［2011-13］『ルールズ・オブ・プレイ――ゲームデザインの基礎』上下巻、ソフトバンククリエイティブ

ゲームデザインの教科書とも言える、巨大な本。

◎ヨハン・ホイジンガ（高橋英夫訳）［1973］『ホモ・ルーデンス』中公文庫、（里見元一郎訳）［2018］講談社学術文庫

◎ロジェ・カイヨワ（多田道太郎、塚崎幹夫訳）［1973］『遊びと人間（増補改訂版）』講談

社文庫

この二冊は、ゲームを含めて「遊び」一般に関する研究としては、もう定番中の定番。

◎ミゲル・シカール（松永伸司訳）［2019］『プレイ・マターズ――遊び心の哲学（Playful Thinking）』フィルムアート社

最近のゲーム論として大事な一冊。

◎松井彰彦［2010］『高校生からのゲーム理論』ちくまプリマー新書

「ゲーム」と名の付くものと言えば「ゲーム理論」。ゲーム理論は、数学を応用して「社会の一場面をゲームだとみなしたなら、こういう状況の場合にはどう行動すれば得か」みたいな、社会における戦略の研究なので、実はゲ、ー、ム、に、関、す、る、理、論、で、は、あ、り、ま、せ、ん。

解説書は多いけど、読みやすい一冊としてこれ。本書は「恋愛はゲームか」で終わりましたが、松井さんの本は、恋愛の話から始まります。本書と比べてみてください。

ちくまプリマー新書395

人生はゲームなのだろうか？〈答えのなさそうな問題〉に答える哲学

二〇二二年二月十日　初版第一刷発行

著者　平尾昌宏（ひらお・まさひろ）

装幀　クラフト・エヴィング商會

発行者　喜入冬子

発行所　株式会社筑摩書房
東京都台東区蔵前二-五-三　〒一一一-八七五五
電話番号　〇三-五六八七-二六〇一（代表）

印刷・製本　株式会社精興社

ISBN978-4-480-68420-2 C0210 Printed in Japan